やさしい インタープリタの作り方入門

Python編

Pythonで学ぶ言語とインタープリタの設計と実装

日向俊二●著

■**サンプルファイルのダウンロードについて**

　本書掲載のサンプルファイルは、下記 URL からダウンロードできます。

　　　https://cutt.jp/books/978-4-87783-555-2

・本書の内容についてのご意見、ご質問は、お名前、ご連絡先を明記のうえ、小社出版部宛文書（郵送
　または E-mail）でお送りください。
・電話によるお問い合わせはお受けできません。
・本書の解説範囲を越える内容のご質問や、本書の内容と無関係なご質問にはお答えできません。
・匿名のフリーメールアドレスからのお問い合わせには返信しかねます。

本書で取り上げられているシステム名／製品名は、一般に開発各社の登録商標／商品名です。本書では、
™ および ® マークは明記していません。本書に掲載されている団体／商品に対して、その商標権を侵害
する意図は一切ありません。本書で紹介している URL や各サイトの内容は変更される場合があります。

はじめに

　本書は、プログラミング言語とインタープリタをゼロから開発するために必要なことをやさしく学べる本です。プログラミング言語は、プログラムを作成するために使われる言語です。インタープリタは、特定のプログラミング言語で書かれたプログラムを解釈して実行するためのソフトウェアです。

　ところで、インタープリタやコンパイラの教科書では、プログラミング言語の定義やインタープリタとコンパイラの処理を表現するために、日常生活の中で見るのとは異なる形式のさまざまな式や図が使われることがあります。そうした式や図は、言語仕様を厳密に定義したり複数の実装方法を比較検討したりする際には大いに役立ちますが、ときに理論的になりすぎて、実際のインタープリタやコンパイラのプログラムコードとはかけ離れていることがよくあります。本書では、インタープリタをゼロから開発する方法を示しますが、単純な計算プログラムからはじめて、単純な計算機、プログラムを1行ずつ入力して実行できるインタープリタ、そして、まとまったソースコードを実行できるより高度なインタープリタまで、プログラムを解釈して実行するために必要なことを段階を追って具体的に解説します。

　インタープリタを設計するためには、そのインタープリタで実行するプログラミング言語を設計する必要があります。本書で設計するプログラミング言語は、きわめてシンプルな独自のプログラミング言語ですが、本書の内容を理解すれば、読者が独自のプログラミング言語を設計して、そのインタープリタを開発することができます。また、本書のプログラミング言語を拡張してより高機能なプログラミング言語に育てることも楽しい作業でしょう。

　本書ではインタープリタの開発にさまざまなプラットフォームで利用可能な Python を使っています。本書を読み進めるにあたって、Python の十分な知識があれば、本書をより楽しく読み進めますが、Python のプログラミングの経験がなくても、Basic、Java、JavaScript、C/C++、C# などの高級プログラミング言語についていくらか知っていれば、本書の内容を理解して、サンプルプログラムを実行してみることができるはずです。

本書では Python のプログラミングを学ぶことに焦点を当てて、比較的平易なプログラムを掲載しています。さらに高度なことを学習したい人は、コンパイラやインタープリタについて詳細に解説している専門書籍を読んでください。

2024 年初秋　著者しるす

本書の内容

第1章　プログラミング言語とインタープリタ

プログラミング言語は、プログラムを作成するために使われる言語です。ある
プログラミング言語を使って作られたプログラムは、インタープリタで実行さ
れるか、コンパイラでコンパイルされて実行されます。

第2章　単純な計算プログラム

インタープリタの仕組みは、ある意味ではとても単純です。この章では、きわ
めて単純なプログラムから出発して、作成するのも理解するのもとても容易な
計算プログラムを作成します。また、Python の eval() を使って式を評価する
プログラムを作成します。

第3章　ポストフィックス計算機

演算子を 2 個の演算数の後に置くポストフィックス形式の計算プログラムを作
成します。

第4章　四則計算機

演算数の後に演算子があり、その後に再び演算数が続くという、通常の形式の
式を計算できるプログラムを作成します。

第5章　ラインインタープリタ

一般的なインタープリタでは、1 行の式を入力して式の計算を行ったり変数を
使うことができます。ここでは、ユーザーが 1 行のステートメントやコマンド
ラインを入力すると、それを解釈して実行するプログラムを作成します。

第6章　インタープリタと言語の計画

実際的な面から見ると、インタープリタには数種類の作り方があります。ここ
では、インタープリタの作り方の概要を学んだ後で、第 6 章で作成するインタ
ープリタとそのための新しい言語 Ano 言語の決まりについて検討します。

第 7 章　インタープリタの開発
Ano 言語はシンプルな言語ですが、ある程度の規模のプログラムを記述して、インタープリタで実行することができます。ここでは、Ano 言語のプログラムのインタープリタ Anonymous を作成するために必要なことを説明します。

本書の表記

- `>`　　　Windows のコマンドプロンプトを表します。Linux や WSL など UNIX 系 OS の場合は一般的にコマンドプロンプトとして `$` が使われます。
- `>>>`　　Python のインタラクティブシェル（インタープリタ）のプロンプトを表します。
- `->`　　本書で作成するプログラムのプロンプトを表します。
- `()`　　ひとまとまりの実行可能なコードブロックである関数であることを示します。たとえば、random という関数を表すときに、「random という名前の関数」や「関数 random()」と表記しないで、単に「random()」と表記することがあります。

本文を補足するような説明や、知っておくとよい話題です。

ご注意

- 本書の内容は本書執筆時の状態で記述しています。Python やそのライブラリは、バージョンによって異なる点があり、本書の記述と実際とが異なる結果となる可能性があります。すべての環境でサンプルプログラムが実行できることを保証するものではありません。
- 本書は Python やインタープリタのすべてのことについて完全に解説するものではありません。必要に応じて Python やそのほかのドキュメントなどを参照してください。
- 本書のサンプルは、プログラミングを理解するために掲載するものです。実用的なアプリとして提供するものではありませんので、ユーザーのエラーへの対処やセキュリティー、そのほかの面で省略してあるところがあります。

本書に関するお問い合わせについて

本書に関するお問い合わせは、sales@cutt.co.jp にメールでご連絡ください。

なお、お問い合わせは本書に記述されている範囲に限らせていただきます。特定の環境や特定の目的に対するお問い合わせ等にはお答えできませんので、あらかじめご了承ください。特定の環境におけるインストールや環境設定、使い方、読者固有の環境におけるエラーなどについてお問い合わせいただいてもお答えできませんのでご了承ください。

お問い合わせの際には下記事項を明記してくださいますようお願いいたします。

- 氏名
- 連絡先メールアドレス
- 書名
- 記載ページ
- お問い合わせ内容
- 実行環境

目次

はじめに iii

第1章　プログラミング言語とインタープリタ……1

1.1　プログラミング言語 2
- ◆ CPUと2進数 2
- ◆ 実行されるプログラムとプログラミング言語 3

1.2　インタープリタとコンパイラ 4
- ◆ ソースプログラムとその実行 4
- ◆ インタープリタ 5
- ◆ コンパイラ 6
- ◆ インタープリタとコンパイラの共通部分 7
- ◆ インタープリタとコンパイラの相違 8
- ◆ インタープリタとプログラミング言語の設計 8

1.3　Pythonの基礎 9
- ◆ Pythonの概要 9
- ◆ インタラクティブシェル 9
- ◆ プロンプト 11
- ◆ 単純な加算 11
- ◆ 入力と出力 12

1.4　スクリプトファイル 14
- ◆ ファイルの作成 14
- ◆ ファイルの保存 15
- ◆ スクリプトの実行 16

練習問題 17

第2章　単純な計算プログラム……19

2.1　最初のインタープリタ 20
- ◆ 単純なループ 20
- ◆ メッセージ 23
- ◆ バージョン情報 25

目 次

2.2 eval マシン 28
- ◆ Python の eval() 28
- ◆ exec() 31
- ◆ eval マシン 32

練習問題 35

第3章 ポストフィックス計算機……37

3.1 ポストフィックス計算機 38
- ◆ ポストフィックス 38
- ◆ 計算とスタック 39

3.2 計算機のプログラム 45
- ◆ 作成するプログラム 45
- ◆ 基本的なループ 46
- ◆ 演算と数値処理のためのコード 47
- ◆ プログラム全体 49

3.3 高度な話題 56
- ◆ エラー処理 56
- ◆ 精度の問題 58
- ◆ 整数のオーバーフローの問題 61
- ◆ 最適化 61

練習問題 62

第4章 四則計算機……63

4.1 四則計算機の概要 64
- ◆ 四則計算機の操作方法 64
- ◆ 戦略 65

4.2 四則計算機の作成 66
- ◆ スタックの状態 66
- ◆ 操作とプログラム 67
- ◆ 四則計算機のプログラム 69

4.3 四則計算機の拡張 74
- ◆ 括弧があるときのスタックの状態 74
- ◆ プログラム smplcalc2 80
- ◆ Stack クラスの改良と追加 85

練習問題 88

ix

第5章　ラインインタープリタ……89

5.1　ラインインタープリタの設計 90
- ◆ ラインインタープリタの概要 90
- ◆ ラインインタープリタの構造 92

5.2　字句解析 95
- ◆ 字句解析の方法 95

5.3　ラインインタープリタの作成 104
- ◆ ラインインタープリタのプログラム 104
- ◆ メインモジュール 105
- ◆ トークン切り出しモジュール 114
- ◆ さらなる課題 117

練習問題 118

第6章　インタープリタと言語の計画……119

6.1　2種類のインタープリタ 120
- ◆ プログラム実行の際の問題 120
- ◆ マルチパス方式 122
- ◆ 純粋なインタープリタ 123
- ◆ コンパイラ－インタープリタ 125

6.2　さまざまな定義 126
- ◆ 名前の定義 126
- ◆ インタープリタのコマンド 127
- ◆ コメント記号の定義 128
- ◆ 演算子の定義 128
- ◆ データ型 128
- ◆ 予約語 129
- ◆ 条件分岐 129
- ◆ 繰り返し 130
- ◆ サブルーチン 131
- ◆ 日本語への対応 132
- ◆ ano プログラムの例 134

6.3　そのほかの検討事項 137
- ◆ ファイルの形式 137
- ◆ ソースプログラムの編集機能 137

練習問題 139

第 7 章　インタープリタの開発……141

7.1　Ano 言語の処理...142
- ◆ ソースの取り扱い 142
- ◆ トークンの取り扱い 143
- ◆ 演算 144
- ◆ 辞書とスタックの管理 144
- ◆ if ステートメント 144
- ◆ for ステートメント 147
- ◆ Call ステートメント 148

7.2　インタープリタのソースリスト 150
- ◆ メインモジュール 150
- ◆ トークンの取得と管理 166
- ◆ 支援関数 169

7.3　言語の改良と拡張...173
- ◆ コメント 173
- ◆ 演算子 173
- ◆ データ型 174
- ◆ 制御構文 174
- ◆ サブルーチン 175
- ◆ eval() と exec() の利用 175
- ◆ エラー処理 176
- ◆ 全体の再構築 176

練習問題 177

付　録……179

付録 A　トラブル対策...180
付録 B　練習問題解答および解答例...185

索　引...191

第1章

プログラミング言語とインタープリタ

プログラミング言語は、プログラムを作成するために使われる言語です。あるプログラミング言語を使って作られたプログラムは、インタープリタで実行されるか、コンパイラでコンパイルされて実行されます。

1.1 プログラミング言語

プログラムを開発するときに、開発者は「プログラミング言語」を使います。ここでは、プログラミング言語と実行されるプログラムの関係から、プログラミング言語について考えてみましょう。

◆ CPUと2進数

コンピュータの中心部にあって、さまざまな操作や処理を行うための中心的な働きをしているものを、一般にCPU（Central Processing Unit、中央演算処理装置）といいます。

コンピュータの心臓部であるCPUが扱う値は、ゼロと1のいずれかです。これは「電圧が高い」と「電圧が低い」という2つの状態に対応しています。

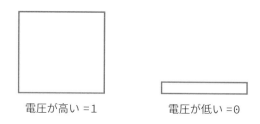

図1.1●ゼロと1の状態

このゼロと1だけでは、2つの状態しか表せないので、この状態を組み合わせて、数桁の数として表します。これが2進数です。

次の図は4桁の2進数とそれに対応する10進数を示したものです。

2進数	0001	0010	0101	1111
	2^0	2^1	$2^2 + 2^0$	$2^3 + 2^2 + 2^1 + 2^0$
10進数	1	2	5	15

図1.2●2進数と10進数

この図に示した0001や1111のような4桁の2進数を、4ビットの数といいます。4ビットで表現できる数は、正の整数の場合、0から15までです。8桁の2進数なら8ビットの数、16桁の2進数なら16ビットの数というように、ビット数が多くなるほど大きな値を表すことができます。一般的にいって、32ビットのCPUは最大で32ビットまでの値を、64ビットのCPUは最大で64ビットまでの値を一度に解釈して、それが命令であるならば実行することができます。

◆ 実行されるプログラムとプログラミング言語

CPUで実行されるプログラムの実態は、16ビットや32ビット、あるいは64ビットなどのサイズの、実行可能な命令やデータを表す2進数の数値です。このCPUで実行できる形式を「マシンコード」と呼びます。マシンコードには、CPUが解釈して実行できる命令と、CPUが移動したり計算できるデータが含まれます。

コンピュータの心臓部であるCPUは、実行可能な命令やデータを2進数の数値として扱いますが、2進数の数値は「0100011100」や「00101011」のような値なので、人間にとってはそれに意味を持たせて理解するのはかなり困難です。たとえば、人間にとって、「010001110000101011」のような2進数が並んだ情報をそのまま理解したり、したいことを2進数の並びで表現したりするのは容易ではありません。そこで、普通は、人間によりわかりやすい言葉である、プログラミング言語を使ってプログラムを作成します。

たとえば、「010001110000101011…」の代わりに、プログラミング言語を使って「print 2*3」と記述します。printは「印刷する」あるいは「（活字風に）書く」という意味の英単語ですが、そのことがわかっていれば、「print 2*3」は「010001110000101011…」より人間にとってずっとわかりやすい表現です。

人間にとってよりわかりやすいプログラミング言語を特に高級プログラミング言語または高水準プログラミング言語といいます。それに対して、マシンコードに近い形式のプログラミング言語を低水準プログラミング言語と呼ぶことがあります。

「add ax,3」や「load ax,13」のような形式で表現されるアセンブリ言語プログラムと呼ばれるものを慣用的にマシン語と呼ぶことがあります。しかし、正確にはアセンブリ言語プログラムはマシン語（マシンコード）ではありません。アセンブリ言語プログラムは人間が理解しやすいように考えられたニモニック（mnemonic、ニーモニックともいう）と呼ぶものを使って記述するプログラムであり、実行するためにはアセンブラというプログラムを使ってCPUが実行できるマシンコードに変換する必要があります。

1.2 インタープリタとコンパイラ

　インタープリタは、特定のプログラミング言語で書かれたプログラムを解釈して実行するためのソフトウェアです。特定のプログラミング言語で書かれたプログラムを実行するためのシステムとして、ほかにコンパイラがあります。

◆ ソースプログラムとその実行 ◆

　プログラミング言語を使って書いたプログラムを、特に「ソースプログラム」または「ソースコードプログラム」あるいは「原始プログラム」と呼ぶことがあります。

「原始プログラム」という呼び方はまだ古い教科書などで見受けられますが、現在では「ソースプログラム」と呼ぶのが普通です。

　ソースプログラム（ソースコードプログラム）は、人間にとってわかりやすい言葉で書かれていますが、2進の値しか理解できないCPUには理解できません。そこで、ソースプログラムはCPUが実行できるマシンコードに変換してから実行する必要があります。

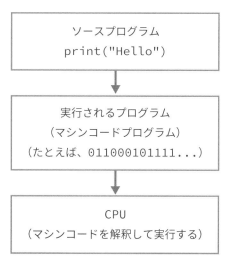

図1.3●プログラミング言語と実行されるコード

ソースプログラムをCPUが実行できる形のプログラムに変換してから実行する方法には、主に次の2種類の方法があります。

- インタープリタを使ってプログラムコードを入力された順またはファイルの先頭から順に逐次実行する
- コンパイラを使ってプログラム全体を実行可能な形式に変換してから実行する。

◆ インタープリタ

ソースプログラムを1ステップずつ解釈して実行するプログラムをインタプリタといいます。主にインタープリタで実行することを前提として設計されたプログラミング言語を、「インタープリタ言語」と呼ぶことがあります。

インタープリタには、次の3種類のものがあります。

（A） 人間がコード行を1行づつ入力するとそのたびにコードが実行されるもの。
（B） ソースコードプログラムファイルを読み込んで先頭から順に逐次実行するもの。

（C）ソースコードを中間言語に変換したものを読み込んで先頭から順に逐次実行するもの。

本書の第 4 章「四則計算機」や第 5 章「ラインインタープリタ」は（A）に属します。そのほかの多くのものは（B）や（C）に属します。本書の第 6 章で解説するインタープリタや Python のように、（A）と（B）の両方の性格を持っているものもあります。Java は（C）に属します。

中間言語に変換したものを実行するソフトウェアを仮想マシンと呼びます。たとえば、Java というプログラミング言語では、仮想マシンを使います。

インタープリタの最も単純なものは、要素を 1 つ入力するごとにそれを解釈し、必要ならば何らかの操作を行ったり結果を出力するというものです。本書の第 2 章以降では、そのようなきわめて単純なプログラムからはじめて、より高度なインタープリタを作成します。

◆ コンパイラ

人間にとってわかりやすいプログラミング言語で書かれたソースコードプログラムから、CPU が容易に扱うことができるマシンコードプログラムに一気に変換する作業をコンパイルと呼びます。そして、そのときに使うプログラムをコンパイラといいます。

たとえば、C 言語のソースプログラムは、C 言語コンパイラで実行可能ファイルに変換します。そして、生成された実行可能なコードを含むファイルをコンピュータが読み込んで実行します。

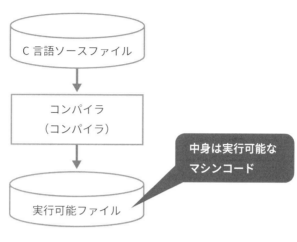

図1.4 ● C言語のプログラムのコンパイル

◆ インタープリタとコンパイラの共通部分

　インタープリタとコンパイラの目的は、どちらもソースプログラムを実行することなので、それぞれのプログラムに必要な機能の大半は似ています。
　たとえば、次の式を実行するとします。

```
x = 2 + 3 * num;
```

　インタープリタであってもコンパイラであっても、まず、この行を読み込み、この行を構成している要素（x、=、2、+、3、*、num）を識別する必要があります。これを字句解析といいます。そして、これを2個の演算子を含む計算の式と、演算子=で結果を代入する式であると判定します。ここで、演算子*の優先順位が+より高いものと仮定すると、まず3*numを計算させ、それに2を加えて、最後に結果を変数xに保存します。つまり、この式の構文と意味も解析しなければなりません。このような解析を、構文解析や意味解析といいます。

このような部分は、インタープリタでもコンパイラでも共通して必要な部分で、インタープリタであろうとコンパイラであろうと、原則として同じ方法で処理することができます。

最適化と呼ぶ作業を行うようなインタープリタやコンパイラでは、処理の方法を目的に応じて変更することがあります。また、構文解析や意味解析を同時に行ったり、解析を複数のステップで行うこともあります。

◆ インタープリタとコンパイラの相違

インタープリタは、読み込んだソースプログラムを解析した後で、それを実行する機能が必要です。また、インタープリタには、直接入力して実行するコマンドがある場合があります。つまり、インタープリタでは、プログラムを実行する環境を提供する必要があります。

これに対して、コンパイラは、読み込んだソースプログラムを解析した後で、実行可能なコードを含むファイルを生成する機能が必要です。生成された実行可能なコードを含むファイルは、通常はOS（オペレーティングシステム）という別に設計されて作られた環境で実行されます。コンパイラそのものには、原則として、プログラムを実行する機能はありません。

学習用のコンパイラやコンパイラ－インタープリタなどと呼ぶものの中には、コンパイルした結果を直接実行する機能を持たせたプログラムがありますが、例外と考えてください。

◆ インタープリタとプログラミング言語の設計

より本格的なインタープリタを開発するためには、その前に、プログラミング言語を設計する必要があります。

本書では、最初に、ユーザーの入力を解釈するきわめて単純なプログラムを作成します。次に、要素を1つ入力するごとにそれを解釈して実行する単純なプログラムを作ります。これらのプログラムについては、設計というほどのことはなく、単にいくつかの

規約をあらかじめ決めておくだけで済みます。

　より本格的なインタープリタを開発するためには、そのインタープリタで実行される
プログラミング言語を設計する必要があります。第6章「インタープリタと言語の設計」
では、第7章で解説する最終的なインタープリタのためのプログラミング言語について
検討します。

1.3　Python の基礎

　ここでは、本書を読み進めてプログラムを実行してみるために必要になる Python の
基本的なことを概説します。Python について良く知っている場合は、この節と次の節は
飛ばして、第2章に進んでもかまいません。

◆ Python の概要

　Python はさまざまなプラットフォームでサポートされているインタープリタ言語で
す。使用できるライブラリ（パッケージ、モジュール）が豊富で、多くの複雑なことを
容易にできます。一方で、初心者が最初に取り組むプログラミング言語としても適して
いる使いやすいプログラミング言語です。

　Python はインタープリタ言語であるため、プログラムの実行時の速度が速いとはいえ
ません。そのため、インタープリタやコンパイラを作成するプログラミング言語として
必ずしも適していませんが、工夫によってパフォーマンスを改善することが期待できま
すし、プロトタイプを作るような場合には適しています。また、初心者が学習しながら
インタープリタやコンパイラを作成するときにも適しているといえます。

◆ インタラクティブシェル

　Python のプログラムの主な実行方法には、2種類あります。1つは、Python のインタ
ラクティブシェル（対話型インタープリタ）を使って実行する方法です。もう1つは、
Python のプログラムファイル（スクリプトファイル）を作成して実行する方法です。

第1章 プログラミング言語とインタープリタ

ここでは簡単なプログラムの実行のしかたを学びます。

最初に、インタラクティブな方法（対話的方法）で Python を使い始めるために必要なことを説明します。

Python のインタラクティブシェルを起動して、Python のプログラムを実行して確かめてみましょう。

Python が起動すると、Python のメッセージと一次プロンプトと呼ばれる「>>>」が表示されます。これが Python のインタラクティブシェルのプロンプトです（これ以降、単に「>>>」と記載します）。

```
>python
Python 3.11.3 (tags/v3.11.3:f3909b8, Apr  4 2023, 23:49:59) [MSC v.1934 64 bit (AMD64)] on win32
Type "help", "copyright", "credits" or "license" for more information.
>>>
```

これは Windows で Python 3.11.3 場合の例です。表示されるバージョン番号やその後の情報（Python をコンパイルしたコンパイラやプラットフォームの名前など）は、この例と違っていてもかまいません。

Linux なら、たとえば次のように表示されることがあります。

```
$ python3.11
Python 3.11.0rc1 (main, Aug 12 2022, 10:02:14) [GCC 11.2.0] on linux
Type "help", "copyright", "credits" or "license" for more information.
>>>
```

いずれにしても、「Type "help", ……」を含む Python のメッセージと「>>>」が表示されれば、インタラクティブシェルが起動したことがわかります。

インタープリタは「解釈して実行するもの」という意味、インタラクティブシェルは「対話型でユーザーからの入力を受け付けて結果や情報を表示するもの」という意味があります。

◆ プロンプト

「>>>」が表示されている環境では、入力された Python の命令や式などを Python のインタープリタが 1 行ずつ読み込んで、その結果を必要に応じて出力します。いいかえると、「>>>」に対して、ユーザー（Python のユーザーはプログラムを実行する人）からの命令や計算式の入力を受け付けます。このプロンプトに対して命令や計算式などを入力することで、後で説明するようなさまざまなことを行うことができます。

> **Note**
> Python を使っているときには、OS（コマンドウィンドウ、ターミナルウィンドウなど）のプロンプトである「>」や「#」、「$」などと、Python のインタラクティブシェルを起動すると表示される「>>>」を使います。この 2 種類のプロンプトは役割が異なるので区別してください。

◆ 単純な加算

Python のインタラクティブシェルに慣れるために、最初に Python で計算をしてみましょう。

「>>>」に対して、2+3[Enter] と入力してみます。

```
>>> 2+3
5
>>>
```

上に示したように、2+3 の結果である 5 が表示された後で、新しいプロンプト（>>>）が表示されるはずです（以降の例では、結果の後に表示される >>> は省略します）。

> **Note**
> Web ブラウザや IDE のようなツールを使ってプログラムを実行するときには、プログラムコードを入力するための入力フィールドにコードを入力して、プログラムを実行するためのメニューコマンドやボタンをクリックします。なお、Web ブラウザや IDE を使う実行環境で実行するときには、「print(2+3)」のように print() を使って式など出力したいものを () で囲まないと結果が出力されない場合があります。

第 1 章　プログラミング言語とインタープリタ

　引き算や掛け算、割り算を行うこともできます。引き算の記号は - (マイナス) ですが、
掛け算の記号は数学と違って ∗ (アスタリスク)、割り算の記号は / (スラッシュ) です。
　たとえば、6 × 7 − 5 を実行すると次のようになります。

```
>>> 6*7-5
37
```

　もっと複雑な式も、もちろん計算できます。次の例は、123.45 × (2 + 7.5) − 12.5 ÷
3 の計算例です。

```
>>> 123.45*(2+7.5)-12.5/3
1168.6083333333333
```

　Python のインタラクティブシェルを終了するときには、プロンプトに対して exit()
または quit() を入力します。

```
>>> exit()
または
>>> quit()
```

　プログラムが無限ループに入るなどして exit() または quit() を入力しても終了でき
ないときには、Windows では [Ctrl] + [z]、[Enter] を実行してみてください。Linux のよ
うな UNIX 系 OS では [Ctrl] + [d] を実行してみてください。

◆ 入力と出力

　電卓のように式の値を計算して表示したり、文字列をそのまま表示するのではなく、
「プログラムコードを実行した」と感じられることをやってみましょう。
　Python には、値を入力するために input() が、値を出力するために print() が定義さ
れています。
　ここでは「名前：」と表示されたら名前を入力すると、「Hello, (名前)」と出力するプ

ログラムコードを実行してみましょう。プログラムの意味は後で考えることにして次の
プログラムを見てください。

```
name = input('名前：')

print ('Hello, ', name)
```

これを Python のインタラクティブシェルで実行してみましょう。

```
>>> name = input('名前：')
名前：わんこ犬太
>>> print ('Hello, ', name)
Hello,  わんこ犬太
```

「>>>」に対して「name = input(' 名前:')」を入力すると、「名前:」と表示されるので、
適切な名前（上の例では「わんこ犬太」）を入力します。
　すると、「Hello,（入力した名前）」が出力されます。
　インタラクティブシェルで「>>>」に対してコードを入力して実行する方法には次のよ
うな特徴があります。

● 短いコードを手軽に実行するときに適しています。
● プログラムを「>>>」に対して入力するごとに結果やエラーなどが表示されます。
● 途中経過を容易に見ることができます。

1.4 スクリプトファイル

Pythonのプログラムは、インタープリタでコード行を入力して実行するほかに、プログラムコードをファイルに保存しておいて、いつでもファイルの中のコードを実行することができます。

◆ ファイルの作成

キーボードから入力させて画面に出力するための簡単なプログラムを作成してみましょう。

```
# hello.py
name = input('名前：')

print ('Hello, ', name)
```

テキストエディタ（Windowsのメモ帳やLinuxのgeditなど、好きなエディタ）で、上のリストを入力します。最初の行はファイル名をメモしたコメント文なので、省略してもかまいません。

図1.5●Windowsのメモ帳で編集した例

1.4 スクリプトファイル

図1.6●geditで編集した例

 ここでは初心者にもわかりやすいようにWindowsのメモ帳やgeditの例を示しましたが、ほかの高機能エディタを使ってもかまいません。

◆ **ファイルの保存**

　エディタでコードを入力したら、これをhello.pyというファイル名で保存します。こうしてできたファイルがPythonのプログラムファイルであり、スクリプトファイルともいいます。

 Windowsのようにデフォルトではファイル名の拡張子が表示されないシステムの場合、拡張子が表示されるように設定してください。また、自動的にtxtのような拡張子が付けられるエディタでは、hello.txtやhello.py.txtというファイル名にならないように注意する必要があります。

　ファイルを保存する場所には注意を払う必要があります。
　後で.pyファイルを容易に（パスを指定しないで）実行できるようにするには、適切なディレクトリを用意してからそこに保存するとよいでしょう。
　Windowsの場合、たとえば、C:\InterpretPy\ch01に保存しておきます。
　LinuxなどUNIX系OSなら、たとえば、ユーザーのホームディレクトリの中にInterpretPy/ch01というディレクトリを作ってそこに保存します。

15

◆ スクリプトの実行

次に、作成したスクリプト（Python のプログラムファイル）を実行してみます。

まず、端末（コマンドプロンプトウィンドウや Windows PowerShell、コンソール、ターミナルともいう）を開き、OS のプロンプト（>、$、% など）が表示されているようにします。

スクリプトファイルを InterpretPy\ch01 に保存したのであれば、コマンドラインで「cd InterpretPy\ch01」を実行してカレントディレクトリを変更して、パスを指定しないでスクリプトファイルを実行できるようにします。そして、端末のプロンプトに対して「python hello.py」と入力します。

「python hello.py」の「python」の部分は、インストールされている Python の種類によって「python3」、「py」、「python3.10」など適切な名前に変えます。

プログラムが実行されて、次のように結果の文字列「名前：」が表示されるので適切な名前を入力して [Enter] を押すと、「Hello, （入力した名前）」が表示されるはずです。

```
>python hello.py
名前：山田太郎
Hello, 山田太郎
```

カレントディレクトリが InterpretPy\ch01 であるなら、たとえば次のようにします。

```
InterpretPy\ch01>python hello.py
名前：山田太郎
Hello, 山田太郎
```

Python のスクリプトファイルのパスを指定して実行するなら、たとえば次のようにします。

```
>python InterpretPy\ch01\hello.py
名前：山田太郎
Hello, 山田太郎
```

練習問題

問題 1.1

CPU が直接実行できるプログラムの形式として正しいものを次の中から選んでください。

（1） do や goto などの英語の文。
（2） 2 進数で表現した一連の命令。
（3） x=a+b のような式。
（4） 「load ax,13」のようなアセンブリ言語プログラムと呼ばれるもの。

問題 1.2

プログラミング言語を使って書いたプログラムの呼び方として不適切なものを次の中から選んでください。

（1） ソースプログラム
（2） ソースコードプログラム
（3） 原始プログラム
（4） 原子プログラム

第1章　プログラミング言語とインタープリタ

問題 1.3

インタープリタの意味として適切なものを次の中から選んでください。

（1）特定のプログラミング言語で書かれたプログラムを解釈して実行するためのソフトウェア。
（2）通信プロトコル TCP/IP を使って全世界のネットワークを相互に接続した巨大なコンピュータネットワーク。
（3）2つのものの間に立って、情報のやり取りを仲介するものやその規格のこと。
（4）特定のプログラミング言語で書かれたプログラムを実行可能なファイルに変換するためのソフトウェア。

問題 1.4

コンパイラの意味として適切なものを次の中から選んでください。

（1）特定のプログラミング言語で書かれたプログラムを解釈して実行するためのソフトウェア。
（2）通信プロトコル TCP/IP を使って全世界のネットワークを相互に接続した巨大なコンピュータネットワーク。
（3）2つのものの間に立って、情報のやり取りを仲介するものやその規格のこと。
（4）特定のプログラミング言語で書かれたプログラムを実行可能なファイルに変換するためのソフトウェア。

問題 1.5

インタープリタの機能として不適切なものを次の中から選んでください。

（1）インタープリタはソースプログラムを入力するか読み込むことができる。
（2）インタープリタはプログラムを解釈して実行する機能がある。
（3）インタープリタはプログラムを自動的に作成する機能がある。
（4）インタープリタはソースプログラムを解析することができる。

第2章

単純な計算プログラム

インタープリタの基本的な仕組みは、ある意味ではとても単純です。この章では、きわめて単純なプログラムから出発して、作成するのも理解するのもとても容易な計算プログラムを作成します。

第2章　単純な計算プログラム

2.1　最初のインタープリタ

インタープリタ（interpreter）とは、解釈（interpret）して何かをするプログラムです。言い換えると、インタープリタは、ユーザーからの入力を受け取って、その意味を解釈して適切な動作を行う、ということを繰り返すプログラムです。

◆ 単純なループ

最初に、このきわめて単純な作業を行うものを、具体的なプログラムとして作成してみましょう。このプログラムは、ユーザーの入力をキーボードから受け取って、受け取った文字列が「exit」または「quit」であればプログラムを終了し、そうでなければ受け取った文字列をそのまま出力するということを繰り返すプログラムです。

プロンプトを表示して1行のテキストを入力できるようにするには input() を使います。

```
line = input('->') # プロンプトを出力して行を受け取る
```

表示される「->」はユーザー（インタープリタの場合はプログラマーがインタープリタのユーザー）に提示されるプロンプトです。

これを繰り返すためには、たとえば while ループを使います。

```
while True:
  line = input('->')  # プロンプトを出力して行を受け取る

  print(line)  # そのまま出力する
```

ただし、このままだと永遠にループを繰り返してプログラムが終了しないので、入力された文字列が「quit」か「exit」であれば break でループを抜けます。

20

2.1 最初のインタープリタ

```
# 文字列が「quit」か「exit」であればループを抜ける。
if line == "quit" or line == "exit" :
  break
```

ユーザーが「　exit」や「quit　」のように空白を入れた場合に対処するために、strip() で前後の空白を削除します。

```
# 文字列前後の空白文字を削除する。
line = line.strip()
```

このプログラムの名前は simpleloop にします。

プログラム全体は次のようになります。

リスト 2.1 ● simpleloop プログラム

```
# simpleloop.py

# ユーザーの入力を受け取って出力するループ
while True:
  line = input('->')  # プロンプトを出力して行を受け取る

  # 文字列前後の空白文字を削除する。
  line = line.strip()
  # 文字列が「quit」か「exit」であればループを抜ける。
  if line == "quit" or line == "exit" :
    break

  print(line)  # そのまま出力する
```

このプログラムはきわめて自明なので、コメントを見れば、何が行われるのか理解できるでしょう。「->」はユーザーに入力を促すプロンプトであり、プログラムは受け取った文字列が「exit」あるいは「quit」でなければ、文字列をそのまま出力します。

プログラムの実行例は、たとえば次のようになります。

```
InterpretPy\ch02>python simpleloop.py
->123
123
->abc 987
abc 987
->Hello, ++
Hello, ++
->quit
```

　これはとても単純なプログラムですが、「exit」や「quit」という文字列を解釈して、そのほかの文字列の場合とは異なった動作をするという点で、立派なインタープリタです。また、「exit」と「quit」という文字列は、このインタープリタの「コマンド」であるという点も認識しておく必要があります。

　インタープリタには、直接入力して実行するコマンドを定義することがあります。このインタープリタの「exit」と「quit」はインタープリタを終了するコマンドであり、本書の以降のプログラム全体を通してインタープリタを終了するためのコマンドとして「exit」と「quit」を使います。

このプログラムコードの意味をまったく理解できないか、ほかのプログラミング言語の知識を総動員してもこのプログラムコードの意味をまるで想像できないような場合には、Pythonの入門書でPythonの基礎を学習してから先に進むことをお勧めします。

2.1 最初のインタープリタ

◆ メッセージ

Pythonのインタラクティブシェルでは、ユーザーが「exit()」または「quit()」を入力するとインタラクティブシェルの実行が終了します。

「exit()」または「quit()」の最後の () を忘れて入力すると、次のようにメッセージが表示されます。

```
>>> exit
Use exit() or Ctrl-Z plus Return to exit
```

これは「終了するには exit() か、キーボードで [Ctrl]+[Z] を入力してください」という意味です。

また、「exit()」や「quit()」ではなくてもそれらに近い文字列を入力すると、次のようにメッセージが表示されます。

```
>>> exiy
Traceback (most recent call last):
  File "<stdin>", line 1, in <module>
NameError: name 'exiy' is not defined. Did you mean: 'exit'?
>>> exsit
Traceback (most recent call last):
  File "<stdin>", line 1, in <module>
NameError: name 'exsit' is not defined. Did you mean: 'exit'?
```

最後の「NameError: name '○○' is not defined. Did you mean: 'exit'?」は、○○という名前は定義されていないが、「exit」と入力したいのか？というメッセージです。

第 2 章　単純な計算プログラム

　このプログラムでは、「exit」と間違えてたとえば「Exit」や「EXIT」のような大文字を含むコマンドが入力されたときには、次のようなメッセージを表示することにしましょう。

```
->Exit
もしかして'exit'ではないんかい？
Exit
->
```

　必要なことは次のコードを追加することだけです。

```
# 「quit」か「exit」で大文字が含まれていればメッセージを出力する。
if line.lower() == "exit" :
  print("もしかして'exit'ではないんかい？")
if line.lower() == "quit":
  print("もしかして'quit'ではないんかい？")
```

　プログラム全体は次のようになります。

リスト 2.2 ● simpleloop_a プログラム

```
# simpleloop_a.py

# ユーザーの入力を受け取って出力するループ
while True:
  line = input('->')  # プロンプトを出力して行を受け取る

  # 文字列前後の空白文字を削除する。
  line = line.strip()
  # 文字列が「quit」か「exit」であればループを抜ける。
  if line == "quit" or line == "exit" :
    break
  # 終了しないのに文字列が大文字が含まれている
  # 「quit」か「exit」で大文字が含まれていればメッセージを出力する。
  if line.lower() == "exit" :
    print("もしかして'exit'ではないんかい？")
```

24

```
if line.lower() == "quit":
  print("もしかして'quit'ではないんかい？")

print(line)  # そのまま出力する
```

◆ バージョン情報 ◆

OSのコマンドプロンプト（>や%、$などを含む文字列）に対して入力するコマンド文字列全体をコマンドラインといいます。

Pythonのインタラクティブシェルを起動するときに、コマンドラインオプションとして「-V」または「--version」を付けて実行すると、次のようにPythonのバージョンが表示されます。

```
>python -V
Python 3.11.3

>python --version
Python 3.11.3
```

simpleloopもコマンドラインオプションとして「-V」または「--version」を付けて実行すると、バージョンが表示されるようにしましょう。

コマンドラインオプションをプログラムが受け取ることができるようにするには、次のようにPythonを起動するときに、Pythonのスクリプトファイル名（この例ではpyarg.py）に加えて、たとえば次のように「abc 123」という引数をスクリプトファイル名の後に指定してpythonを起動します。

```
> python pyarg.py abc 123
```

OSから見ると「python pyarg.py abc 123」全体がコマンドラインです。

Pythonのプログラム（スクリプト）から見ると、「pyarg.py abc 123」が引数を伴うコマンドラインです。

第 2 章　単純な計算プログラム

Python のプログラムは、sys モジュールの argv を使って受け取ることができます。

次の例は、スクリプトが実行されたときのコマンドラインの引数をすべて表示するためのスクリプトの例です。

リスト 2.3 ● pyarg.py

```
# pyarg.py
import sys

args = sys.argv

for v in args:
    print(v)
```

コマンドラインを「python ex12-1.py abc 123」として上のスクリプトを実行すると次のように出力されます。

```
InterpretPy\ch02>python ex12-1.py abc 123
ex12-1.py
abc
123
```

最初の引数（sys.arg[0]）はスクリプトファイル名（ex12-1.py）です。

2 番目の引数（sys.arg[1]）はこの場合「abc」で、3 番目の引数（sys.arg[2]）はこの場合「123」です。

ここでは、Python のスクリプトに対する引数が「-V」か「--version」であるときにバージョン情報を出力するというのが目標です。

そこで、次のようにします。

```
# 引数に「-V」か「--version」が含まれていれば
# バージョン情報を出力して終了する
args = sys.argv
for s in args[1:]:
  if s == '-V' or s == '--version':
```

26

```
print('simpleloop_b バージョン 0.001')
sys.exit()    # このプログラムを終了する
```

args[0] にはスクリプト名が入っているので、2番目の要素から最後の要素まで加算するために、for 文の範囲を「args[1:]」としている点に注意してください。

プログラム全体は次のようになります。

リスト 2.4 ● simpleloop_b プログラム

```
# simpleloop_b.py
import sys

# 引数に「-V」か「--version」が含まれていれば
# バージョン情報を出力して終了する
args = sys.argv
for s in args[1:]:
  if s == '-V' or s == '--version':
    print('simpleloop_b バージョン 0.001')
    sys.exit()    # このプログラムを終了する

# ユーザーの入力を受け取って出力するループ
while True:
  line = input('->')  # プロンプトを出力して行を受け取る

  # 文字列前後の空白文字を削除する。
  line = line.strip()
  # 文字列が「quit」か「exit」であればループを抜ける。
  if line == "quit" or line == "exit" :
    break
  # 終了しないのに文字列が大文字が含まれている
  #「quit」か「exit」で大文字が含まれていればメッセージを出力する。
  if line.lower() == "exit" :
    print("もしかして'exit'ではないんかい？")
  if line.lower() == "quit":
    print("もしかして'quit'ではないんかい？")

  print(line)  # そのまま出力する
```

第 2 章　単純な計算プログラム

このプログラムの実行例を次に示します。

```
InterpretPy\ch02>python simpleloop_b.py -V
simpleloop_b バージョン 0.001

InterpretPy\ch02>python simpleloop_b.py --version
simpleloop_b バージョン 0.001
```

これで、「exit」と「quit」というコマンドを解釈し、バージョン情報も出力する単純なインタープリタができました。

2.2　eval マシン

Python には文字列の式をプログラムコードの式として評価することができる関数 eval() があります。

これを使うと計算式を実行するプログラムを容易に作成できます。

◆ Python の eval() ⸺⸺⸺⸺⸺⸺⸺⸺⸺⸺⸺⸺⸺ ◆

Python の eval() は、引数に指定した文字列形式の式をプログラムコードの式として評価します。

たとえば、line という名前の変数に式を文字列として保存し、eval() で式を評価します（実行します）。

```
line = '2 + 4 * 3'
eval(line)
```

上のコードを Python のインタラクティブシェルで実行すると、次のように実行することができます。

28

```
>>> line = '2 + 4 * 3'
>>> eval(line)
14
```

eval() で式を評価した結果を変数に代入することもできます。次の例は式の結果を変数 x に保存するコードの例です。

```
>>> line = '2 + 4 * 3'
>>> x = eval(line)
>>> print(x)
14
```

eval() に与える式に変数が含まれていてもかまいません。

```
>>> a = 12
>>> b = 3
>>> eq = 'a + b'
>>> eval(eq)
15
```

eval() の最初の引数は式として評価できれば良いので、たとえば次のように print() を使うこともできます。

```
>>> line = 'print(2 + 4 * 3)'
>>> eval(line)
14
```

さらには、input() を使って入力された式を eval() に指定してもかまいません。

第 2 章　単純な計算プログラム

```
>>> line = input('->')
->print(12.3 + 34.5)
>>> eval(line)
46.8
```

eval() の引数の文字列の中で関数を呼び出すことも可能です。

```
>>> def add(a, b): return a + b
...
>>> a = 3
>>> b = 2
>>>
>>> eval('add(a,b)')
5
```

ただし、式として評価できない 'for i in range(5): print(i)' のような文を含む文字列を eval() の引数に指定するとエラーになります。

```
>>> line = 'for i in range(5): print(i)'
>>> eval(line)
Traceback (most recent call last):
  File "<stdin>", line 1, in <module>
  File "<string>", line 1
    for i in range(5): print(i)
    ^^^
SyntaxError: invalid syntax
```

このエラーの種類は SyntaxError です。このようなエラーは実行を継続することが困難な事象なので、例外と呼びます。例外が発生したときに特別な処理をするために、例外処理という仕組みを使うことができます。

例外処理の最も簡単な書式は次の通りです。

30

```
try :
    例外が発生する可能性があるコード
except 例外の種類:
    例外が発生したときに実行するコード
```

ここでは eval() を実行したときに例外 SyntaxError が発生する可能性があるので、次のようなコードにすることで「シンタックスエラーです。」というメッセージを出力してプログラムの実行を継続することができます。

```
line = 'for i in range(5): print(i)'
try :
    eval(line)
except SyntaxError:
    print('シンタックスエラーです。')
```

なお、この場合のシンタックスエラーは、Python のプログラムとしてのシンタックスエラーではなく、このプログラムとしてのシンタックスエラー（式として評価できない）という意味です。

◆ exec()

代入文（たとえば、'a = 1 + 3'）のような文は eval() で評価することはできません。次のコードは eval() の式の代入でエラーになる例です。

```
>>> eval('a = 1 + 3')
Traceback (most recent call last):
  File "<stdin>", line 1, in <module>
  File "<string>", line 1
    a = 1 + 3
      ^
SyntaxError: invalid syntax
```

第2章　単純な計算プログラム

このような文を実行したいときには、exec() を使います。

```
>>> exec('a = 1 + 3')
>>> a
4
```

前に例を示した for 文も exec() を使うと実行することができます。

```
>>> line = 'for i in range(5): print(i)'
>>> exec(line)
0
1
2
3
4
```

◆ eval マシン

　式として評価できる文字列だけを入力するなら、eval() を使って式を実行するインタープリタを作成することができます。そのようなインタープリタをここでは eval マシンと呼ぶことにします。

　プログラムとしては、simpleloop_b.py の print() で出力する代わりに eval() で式を評価するだけです。

```
# simpleloop_b.pyと同じ

    (略)

  # 可能であればeval()で評価する
  try :
    print( eval(line) )
  except SyntaxError:
    print('シンタックスエラーです。')
```

さらに、このプログラムにとって本質的でないコマンドラインの処理は別のモジュール myutil に記述することにしましょう。プログラムは次のようになります。

リスト 2.5 ● evalmachine プログラム

```python
# evalmachine.py
import sys
import myutil

# 引数の処理
myutil.processargs(sys.argv, ver = "0.01")

# ユーザーの入力を受け取って出力するループ
while True:
    line = input('->')   # プロンプトを出力して行を受け取る

    # 文字列前後の空白文字を削除する。
    line = line.strip()
    # 文字列が「quit」か「exit」であればループを抜ける。
    if line == "quit" or line == "exit" :
        break
    # 終了しないのに文字列に大文字が含まれている
    # 「quit」か「exit」で大文字が含まれていればメッセージを出力する。
    if line.lower() == "exit" :
        print("もしかして'exit'ではないんかい？")
    if line.lower() == "quit":
        print("もしかして'quit'ではないんかい？")

    # 可能であればeval()で評価する
    try :
        result = eval(line)
        if result != None:
            print( result )
    except SyntaxError:
        print('シンタックスエラーです。')
```

第2章 単純な計算プログラム

コマンドラインの処理を行うモジュールのプログラムは次のようになります。

リスト 2.6 ● myutil プログラム

```
# myutil.py
import sys

def processargs(args, ver):
    # 引数に「-V」か「--version」が含まれていれば
    # バージョン情報を出力して終了する
    for s in args[1:]:
        if s == '-V' or s == '--version':
            # ファイル名と拡張子に分ける
            name , ext= args[0].split('.')
            print(name,'バージョン ', ver)
            sys.exit()    # このプログラムを終了する
```

args[0] には起動したプログラムのファイル名が入っているので、split('.') でファイル名のピリオドより前の部分と拡張子に分割している点に注意してください。

このプログラムの実行例を次に示します。

```
InterpretPy\ch02>python evalmachine.py
->12.3 *2.2
27.060000000000002
->(123 + 25)/17
8.705882352941176
->print('Happy Dog!')
Happy Dog!
->if a < 1 :print('ok')
シンタックスエラーです。
->exit

InterpretPy\ch02>python evalmachine.py -V
simpleloop_b バージョン 0.001

InterpretPy\ch02>python evalmachine.py --version
simpleloop_b バージョン 0.001
```

練習問題

問題 2.1

simpleloop プログラムで、小文字の「quit」が入力されたときだけプログラムが終了するようにしてください。

問題 2.2

simpleloop プログラムで、大文字／小文字を問わず文字列「exit」が入力されたときにプログラムが終了するようにしてください。

問題 2.3

evalmachine プログラムの実行時に表示されるプロンプトを変更してください。

問題 2.4

evalmachine プログラムにヘルプを表示する機能を追加してください。

第3章

ポストフィックス計算機

演算子を2個の演算数の後に置く形式をポストフィックス形式といいます。この章ではポストフィックス形式の計算プログラムを作成します。

第 3 章　ポストフィックス計算機

3.1 ポストフィックス計算機

通常使われる式とは違う式の表記法があります。ここでは、その１つを使った計算プログラムを作成します。

◆ ポストフィックス ·· ◆

算術式の書き方（記法）には、プリフィックスとポストフィックスという２種類の記法があります。

- プリフィックスは、演算子をオペランド（計算する値）の前に書く表記法です。
- ポストフィックスは、演算子をオペランドの後に書く表記法です。

代数で学ぶ一般的な式の形は次のような形式です。

```
2 + 4 × 3
```

初期のコンピュータには×という記号がなかったので、通常、コンピュータでは上の式は次のように表記します。

```
2 + 4 * 3
```

これはプリフィックス記法です。なぜなら、２の後の演算子＋の後に加算する数４があるからです。

このような式を入力しながら計算を行うためのプログラムを作ることは可能で、実際、後でそのようなプログラムを作成します。しかし、プログラムとしてはそれほど単純ではありません。その理由は、式の最初の部分「2+」を入力し終わった時点ではまだ加算すべき次の値４は入力されていないので、演算子（オペレータ）＋の演算を行うことができません。なんらかの工夫が必要です（第４章「四則計算機」で検討します）。

38

上の式とまったく同じ意味を表す式を、別の形式で表現することもできます。その方法の1つは、演算数（オペランド）の後に演算子を書く形式です。そのような方法をポストフィックス（Postfix、後置記法）といいます。

ポストフィックス形式では、たとえば、上の式は次のように書き換えることができます。

```
2 4 + 3 *
```

これは、通常の書き方では「2+4*3」に等しく、「2に4を足して、（その結果に）3を掛ける」と読むことができます。この後置記法の場合は、演算子が入力されたときには、その演算に必要な数が揃っています。たとえば、「2」、「4」と入力した後で「+」が入力されたときには、加算に必要な情報はすべてそろっています。そのため、プログラムを作成するのも容易です。

この章の範囲では、演算子の優先順位（たとえば、* は + より優先的に計算されること）は考慮しません（演算子はすべて同じ優先順位であることにします）。

◆ 計算とスタック

これからポストフィックス計算機のプログラムを作りますが、さまざまな作り方を考えることができます。たとえば、入力された値は、演算子が入力されるまで使われないので、その値を変数に保存するという方法も可能です。しかし、演算子が入力されるまでに保存しておくべき値の数は状況によって変わります。たとえば「2 4 + 3 *」の2と4が入力されて、次に + が入力されたときには、加算する2個の値（この場合は2と4）を変数に保存しておかなければなりません。次に加算しますが、加算が終わった時点で保存しておくべき値は加算した結果ただ1つです。さらに「2 4 + 3 *」の3が入力されたときには、加算の結果と入力された3という2個の値を保存しておく必要があります。

このような状況のときには、一般的には、スタック（stack）と呼ばれるデータ構造を使います。そこで、最初に、スタックについて理解しておく必要があります。

> より複雑なインタープリタやコンパイラでサブルーチンを呼び出すような操作を行うときにもスタックを使います。コンピュータではそのほかさまざまな場面でスタックが使われます。

スタックとは、一般に積み重ねたものを指します。データ構造のスタックは、データを積み重ねた構造です。

スタックは、データを保存するときには下から順に値を積み上げてゆき、データを取り出すときには上から順に取り出します。このように最後に入れたものを最初に取り出すことを後入れ先出し（Last In First Out、LIFO）といいます。

スタックへデータを保存することをプッシュ（push）といいます。

スタックからデータを取り出すことをポップ（pop）といいます。

データが保存されたり取り出されるところは、スタックのトップ（Top）といいます。

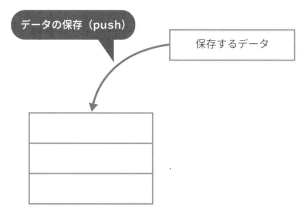

図3.1●スタックへのデータの保存（PUSH）

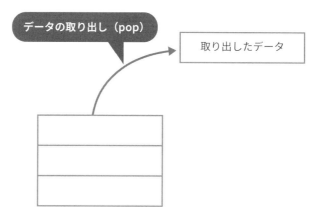

図3.2●スタックからのデータの取り出し（POP）

スタックを操作するときには、PushやPopでデータを入れたり取り出したりします。

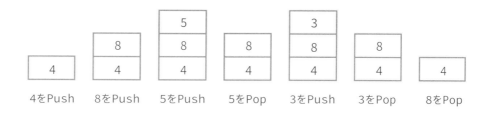

図3.3●スタックの操作と内容の変化

　スタックの途中に値を挿入したり削除することはできません。スタックの途中にデータを入れたい場合は、それより上に積まれているデータをいったん取り出してから、途中に入れたいデータをスタックに積み、いったん取り出したデータを元に戻します。

　これらから作成する最初のポストフィックス計算機では、計算に使う値と、計算結果を保存するために、スタックを使います。第4章以降では、さらにスタックを効果的に利用します。

第3章　ポストフィックス計算機

ここでは、次のようなスタックのクラスを定義します。

```
class Stack:
  def __init__(self):          # スタックを作成する
    self.stack = []
  def push(self, v):           # スタックに値をプッシュする
    self.stack.append(v)
  def pop(self):               # スタックから値をポップする
    result =  self.stack.pop() # 最後の要素
    return result
  def print(self):             # スタックの内容を表示する
    for v in self.stack:
      print(v)
```

インタラクティブシェルでこの Stack クラスを使う例を次に示します。

```
>>> class Stack:
...    def __init__(self):
...       self.stack = []
...    def push(self, v):
...       self.stack.append(v)
...    def pop(self):
...       result =  self.stack.pop() # 最後の要素
...       del self.stack.pop()
...       return result
...    def print(self):
...      for v in self.stack:
...         print(v)
...
>>> stack = Stack()#スタックを作成する
>>> stack.push(5)   # スタックに値をプッシュする
>>> stack.push(3)
>>> stack.push(7)
>>> stack.print()   # スタックの内容を出力する
5
3
7
```

3.1　ポストフィックス計算機

```
>>> stack.pop()      # スタックから1個の要素を取り出す
7
>>> stack.print()    # スタックの内容を出力する
5
3
>>>
>>> stack.push(7)
>>> stack.print()    # スタックの内容を出力する
5
3
7
>>> stack.pop2()     # スタックから2個の要素を取り出す
[7, 3]
>>> stack.print()    # スタックの内容を出力する
5
>>>
```

　スタックのクラスはこれでよいのですが、スタックにデータがないのにデータを取り出そうとした（ポップしようとした）場合への対処も考慮しておきましょう。

```
def pop(self):  # スタックからデータを取り出す
  try :
    result =  self.stack.pop() # 最後の要素
  except IndexError:
    print('スタックにデータがありません。')
    return
  return result
```

　上のコードで、スタックにデータがない場合はエラーとみなして、例外処理機構を使って「スタックにデータがありません。」と出力します。
　また、演算のときにはスタックから 2 個のデータを取り出すので、スタックから 2 個のデータを取り出す pop2() も定義しておきます。

```
def pop2(self):    # スタックから2個のデータを取り出す
  try:
```

43

第 3 章　ポストフィックス計算機

```
      result1 =  self.stack.pop() # 最後の要素
    except IndexError:
      print('スタックにデータがありません。')
      return
    try:
      result2 =  self.stack.pop() # 最後の要素
    except IndexError:
      print('スタックにデータがありません。')
      self.stack.append(result1)
      return
    return [result1, result2]
```

さらに、そのときのスタックの内容を出力する print() も作成しておきます。

```
def print(self):
  for v in self.stack:
    print(v)
```

最終的なスタックのクラスは次のようになります。

リスト 3.1 ● myutil.py のスタックのクラス

```
class Stack:
  def __init__(self):
    self.stack = []
  def push(self, v): # スタックにデータを保存する
    self.stack.append(v)
  def pop(self):  # スタックからデータを取り出す
    try :
      result =  self.stack.pop() # 最後の要素
    except IndexError:
      print('スタックにデータがありません。')
      return
    return result
  def pop2(self):   # スタックから2個のデータを取り出す
    try:
      result1 =  self.stack.pop() # 最後の要素
```

44

```
        except IndexError:
            print('スタックにデータがありません。')
            return
        try:
            result2 =  self.stack.pop() # 最後の要素
        except IndexError:
            print('スタックにデータがありません。')
            self.stack.append(result1)
            return
        return [result1, result2]
    def print(self):
        for v in self.stack:
            print(v)
```

Note

本書では、スタックであることを明示するために Stack クラスを定義して使いますが、リストの append() と pop() を使ってスタック構造としてもかまいません。

3.2 計算機のプログラム

ここではポストフィックス計算機のプログラムを解説します。

◆ 作成するプログラム

ここで作るポストフィックスの計算機は、最初に必要な一連の数を入力して、次に希望する操作を表す演算子を入力します。たとえば、2に4を加えた結果を求めるためには、最初に2を入力し、次に4を入力して、それから + を入力します。なお、ここでは例として整数を使って説明しましたが、実数も計算できるようにするものとします。

計算結果は内部に保存されるので、さらに数値と演算子を入力して計算を続けることもできます。たとえば、2に4を加えた結果にさらに3を掛けたいときには、2に4を

第 3 章　ポストフィックス計算機

加えた結果が表示された後で、引き続き 3 を入力してから ＊ を入力します。プログラム
を終了するためのコマンドは「exit」か「quit」です。

　プログラムの中では、それぞれの演算数（オペランド）が入力されると、その値はス
タックにプッシュしておきます。そして、演算子が入力されたときに、スタックの上の
2 つの要素をポップして演算を行い、結果をスタックにプッシュします。

◆ 基本的なループ

　「exit」か「quit」が入力されると終了する simpleloop プログラムのループ部分は次
のようにしました。

```
while True:
  line = input('->')  # プロンプトを出力して行を受け取る

  # 文字列前後の空白文字を削除する。
  line = line.strip()
  # 文字列が「quit」か「exit」であればループを抜ける。
  if line == "quit" or line == "exit" :
    break

  print(line)  # そのまま出力する
```

　このプログラムでも同じ構造を使います。

```
# ユーザーの入力を受け取って出力するループ
while True:
  line = input('->')  # プロンプトを出力して行を受け取る

  # 文字列前後の空白文字を削除する。
  line = line.strip()
  # 「printstack」であれば現在のスタックの内容を出力する。
  if line == "printstack":
    stack.print()
    continue
  # 文字列が「quit」か「exit」であればループを抜ける。
```

3.2 計算機のプログラム

```
if line == "quit" or line == "exit" :
  break
# 終了しないのに文字列に大文字が含まれている
#「quit」か「exit」で大文字が含まれていればメッセージを出力する。
if line.lower() == "exit" :
  print("もしかして'exit'ではないんかい？")
if line.lower() == "quit":
  print("もしかして'quit'ではないんかい？")

# 演算子または数値の処理に続く
```

◆ 演算と数値処理のためのコード

次に演算のためのコードを考えます。まず、+ について考えます。

値を加算するには、スタックに保存されている 2 個の値を取り出して、それを加算して出力します。

```
if line == '+': # 加算
  # 加算のためのコード
  b, a = stack.pop2()
  c = a + b
  stack.push(c)
  print(c)
```

結果を「stack.push(c)」というコードでスタックに保存していることに注目してください。こうしてスタックに結果を保存しておくので、さらに計算を続けることができます。

減算や乗算、除算のコードもほとんど同じです。

```
elif line == '-': # 減算
  # 減算のためのコード
  b, a = stack.pop2()
  c = a - b
```

47

第3章 ポストフィックス計算機

```python
        stack.push(c)
        print(c)
    elif line == '*': # 乗算
        # 乗算のためのコード
        b, a = stack.pop2()
        c = a * b
        stack.push(c)
        print(c)
    elif line == '/': # 除算（割り算）
        # （徐算のためのコード）
        b, a = stack.pop2()
        c = a / b
        stack.push(c)
        print(c)
```

入力されたのがコマンドでも演算子でもない場合は入力された値は数値とみなしてスタックに値をプッシュします。

```python
    else: # 入力された値は数値とみなしてスタックに値をプッシュする
        try :
            v = float(line)
        except SyntaxError:
            print('シンタックスエラーです。')
            continue
        stack.push( v )
        print (v)
```

ここで、入力されたのが数値に変換できない文字列であった場合に、例外処理機構を使ってエラーとして処理している点に注意してください。

3.2 計算機のプログラム

◆ プログラム全体

プログラム postfix.py は次のようになります。

リスト 3.2 ● postfix.py

```python
# postfix.py
import sys
import myutil

# 引数の処理
myutil.processargs(sys.argv, ver = "0.01")

# スタックを用意する
stack = myutil.Stack()

# ユーザーの入力を受け取って出力するループ
while True:
  line = input('->')  # プロンプトを出力して行を受け取る

  # 文字列前後の空白文字を削除する。
  line = line.strip()
  #「printstack」であれば現在のスタックの内容を出力する。
  if line == "printstack":
    stack.print()
    continue
  # 文字列が「quit」か「exit」であればループを抜ける。
  if line == "quit" or line == "exit" :
    break
  # 終了しないのに文字列に大文字が含まれている
  #「quit」か「exit」で大文字が含まれていればメッセージを出力する。
  if line.lower() == "exit" :
    print("もしかして'exit'ではないんかい？")
  if line.lower() == "quit":
    print("もしかして'quit'ではないんかい？")

  # 演算子または数値の処理
  if line == '+': # 加算
    # 加算のためのコード
```

49

第3章　ポストフィックス計算機

```
      b, a = stack.pop2()
      c = a + b
      stack.push(c)
      print(c)
  elif line == '-': # 減算
      # 減算のためのコード
      b, a = stack.pop2()
      c = a - b
      stack.push(c)
      print(c)
  elif line == '*': # 乗算
      # 乗算のためのコード
      b, a = stack.pop2()
      c = a * b
      stack.push(c)
      print(c)
  elif line == '/': # 除算（割り算）
      # （徐算のためのコード）
      b, a = stack.pop2()
      c = a / b
      stack.push(c)
      print(c)
  else: # 入力された値は数値とみなしてスタックに値をプッシュする
      try :
        v = float(line)
      except SyntaxError:
        print('シンタックスエラーです。')
        continue
      stack.push( v )
      print (v)
```

スタックのクラスは myutil.py に記述します。

リスト 3.3 ● postfix の myutil.py

```
# myutil.py
# ch03のファイル
import sys
```

3.2 計算機のプログラム

```python
# スタックのクラス
class Stack:
  def __init__(self):
    self.stack = []
  def push(self, v): # スタックにデータを保存する
    self.stack.append(v)
  def pop(self):  # スタックからデータを取り出す
    try :
      result =  self.stack.pop() # 最後の要素
    except IndexError:
      print('スタックにデータがありません。')
      return
    return result
  def pop2(self):   # スタックから2個のデータを取り出す
    try:
      result1 =  self.stack.pop() # 最後の要素
    except IndexError:
      print('スタックにデータがありません。')
      return
    try:
      result2 =  self.stack.pop() # 最後の要素
    except IndexError:
      print('スタックにデータがありません。')
      self.stack.append(result1)
      return
    return [result1, result2]
  def print(self):
    for v in self.stack:
      print(v)

# コマンドライン引数の処理
def processargs(args, ver):
  # ファイル名と拡張子に分ける
  name , ext= args[0].split('.')
  # 引数に「-V」か「--version」が含まれていれば
  # バージョン情報を出力して終了する
  for s in args[1:]:
    if s == '-V' or s == '--version':
```

第 3 章　ポストフィックス計算機

```
    print(name,'バージョン ', ver)
    sys.exit()   # このプログラムを終了する
# 引数に「-H」か「-?」か「--help」が含まれていれば
if s == '-H' or s == '-?' or s == '--help':
    # ファイル名と拡張子に分ける
    print(name, ':やさしいインタープリタの作り方入門参照')
    sys.exit()   # このプログラムを終了する
```

このプログラムを実行して「2 4 + 3 *」を計算したときの結果は次のようになります。

```
InterpretPy\ch03>python postfix.py
->2
2.0
->4
4.0
->+
6.0
->3
3.0
->*
18.0
->exit
```

このプログラムを実行しながら printstack コマンドを実行したときの状態は次のようになります。

```
->2
->4
->printstack
---   stack top   ---
4
2
--- stack bottom ---
->+
6
->printstack
```

52

```
---  stack top   ---
6
--- stack bottom ---
->3
->printstack
---  stack top   ---
3
6
--- stack bottom ---
->*
18
->printstack
---  stack top   ---
18
--- stack bottom ---
->quit
```

実数や負の数の計算ももちろんできます。

```
->1.2
->-0.5
->+
0.7
->2
->*
1.4
->3
->/
0.466667
->quit
```

第 3 章　ポストフィックス計算機

postfix.py は演算のコードが少々冗長なので、次のように書き換えても良いでしょう。

リスト 3.4 ● postfix_a.py

```python
# postfix_a.py
import sys
import myutil

def operate(op):
  try:
    b, a = stack.pop2()
  except TypeError:
    return
  if op == '+': # 加算
    c = a + b
  if op == '-': # 減算
    c = a - b
  if op == '*': # 乗算
    c = a * b
  if op == '/': # 除算
    c = a / b
  stack.push(c)
  print(c)

# 引数の処理
myutil.processargs(sys.argv, ver = "0.01")

# スタックを用意する
stack = myutil.Stack()

# ユーザーの入力を受け取って出力するループ
while True:
  line = input('->')  # プロンプトを出力して行を受け取る

  # 文字列前後の空白文字を削除する。
  line = line.strip()
  #「printstack」であれば現在のスタックの内容を出力する。
  if line == "printstack":
```

3.2 計算機のプログラム

```python
    stack.print()
    continue
# 文字列が「quit」か「exit」であればループを抜ける。
if line == "quit" or line == "exit" :
  break
# 「quit」か「exit」で大文字が含まれていればメッセージを出力する。
if line.lower() == "exit" :
  print("もしかして'exit'ではないんかい？")
if line.lower() == "quit":
  print("もしかして'quit'ではないんかい？")

# 演算子または数値の処理
if line == '+' or line == '-' or line == '*' or line == '/':
  operate(line)  # 演算のためのコード
else: # 入力された値は数値とみなしてスタックに値をプッシュする
  try :
    v = float(line)
  except (SyntaxError, ValueError):
    print('シンタックスエラーです。')
    continue
  stack.push( v )
  print (v)
```

第 3 章　ポストフィックス計算機

3.3 高度な話題

　ポストフィックス計算機のプログラムは単純ですが、このような単純なプログラムで
も、実際に日常的に使うとなると、さまざまな問題を含んでいます。ところが、そのよ
うなことは、一般にコンパイラの理論書では詳しく触れられないことが多く、また、本
書でもスペースの関係で十分に取り上げることができません。そのような実用上重要な
問題をここで手短にまとめておきます。

◆ エラー処理 ◆

　インタープリタやコンパイラでは、ユーザーの操作や入力されたプログラムに誤りが
あったときに、そのことを報告する必要があります。
　たとえば、postfix プログラムでは、スタックに値が入っていないのにスタックから
値を取り出そうとした場合は、エラーとみなしてメッセージを出力してリターンするよ
うにしました。

```
def pop(self):  # スタックからデータを取り出す
  try :
    result =  self.stack.pop() # 最後の要素
  except IndexError:
    print('スタックにデータがありません。')
    return
  return result
```

　きわめて単純な postfix プログラムでも、このほかにもさまざまなエラーが発生す
ることが考えられます。たとえば、「2-3」のような計算をしようとして「2-」と入力し
てしまう可能性があります。postfix プログラムの場合、プログラムの中で使っている
float() の仕様の関係で、数値の桁の後に数値以外の文字が含まれていると ValueError
が発生します。これに対処するためには、ValueError を処理する必要があります。

```
try :
  v = float(line)
except (SyntaxError, ValueError):
  print('シンタックスエラーです。')
  continue
```

上の例では、SyntaxError と ValueError の両方をユーザーに対してはシンタックスエラーとして報告しています。

数をゼロで割ろうとしたときには、ZeroDivisionError が発生します。これも処理するなら、たとえば次のようにします。

```
try :
  v = float(line)
except ZeroDivisionError:
  print('数をゼロで割ることはできません。')
  continue
except (SyntaxError, ValueError):
  print('シンタックスエラーです。')
  continue
```

しかし、もちろんこれでも完璧とはいえません。

次のようにすれば、実行時に検出されたあらゆるエラーを処理できます。

```
try :
  v = float(line)
except ZeroDivisionError:
  print('数をゼロで割ることはできません。')
  continue
except SyntaxError:
  print('シンタックスエラーです。')
  continue
except ValueError:
  print('数値のエラーです。')
  continue
```

```
except:
    print('エラーです。')
    continue
```

ただし、常にこのようにエラーの種類を指定しないで処理するほうが良いとはいえません。エラーの種類ごとに処理しないと、ユーザーは何が悪かったのかわからないということになりかねません。

いずれにしても、より多くのエラーに適切に対処するためには、エラーを処理するためのコードを追加することになりますが、エラーの検出と報告のために多くのコードを追加しなければならなくなります。また、場合によってはアルゴリズムも変更しなければならないという点にも注目してください。

本書の以降のコードでは、インタープリタの構造を理解することに焦点を当てるために、必要不可欠なものを除き、エラーの検出と報告のコードは最小限にします。

◆ 精度の問題

次のような計算を実行するとします。

```
InterpretPy\ch03>python postfix.py
->14
14.0
->3
3.0
->/
4.666666666666667
->
```

postfix プログラムが出力した結果は 4.666666666666667 であり、これには誤差が含まれています。1.4 を 3 で割った結果は 4.666666666666666... と続く無限小数です。無限小数は実数として表現できないので、実は、「1.4/3」の結果を実数値として表現しようとした時点で必ず誤差が発生します。このとき、どの程度まで正確であるかという

こと、つまり精度は、通常はインタープリタをコンパイルするコンパイラに依存します。もちろん、より高い精度で計算したり出力したりできる用にすることも可能ですが、プログラム内部での数値の表現を工夫しなければなりません。

また、すべての値はCPU内部では2進数で表されますが、そのことが誤差の原因となることがあります。値を2進数で表すとき、小数点以下の数は原理としては次のような方法で表現されます。

まず、小数点以下1桁目の値を1/2とし、小数点以下2桁目の値を1/4、小数点以下3桁目の値を1/8というように、徐々に小さい値を表現できるようにします。

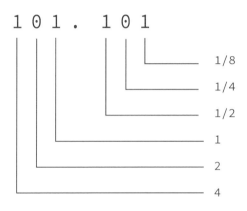

図3.4●2進数の分数表現

たとえば、2進数で1.1は10進数では1 + 1/2 = 1.5に、2進数の11.11は10進数では2 + 1 + 1/2 + 1/4 = 3 + 3/4 = 3.75に、2進数の101.101は10進数では5 + 1/2 + 1/8 = 5 + 5/8 = 5.625になります。

このような小数点以下3桁までの2進表現では、10進数で5.626のような数を表すことができません。10進数で5.626に最も近い2進数の表現は101.101です。10進数の5.625も5.626も、小数点以下3桁の2進表現では10進数の5.625と同じ101.101として表すほかに方法がありません。つまり、5.626のような10進表現を2進表現にすると誤差が生じることになります。別の見方をすると、たとえば、小数点以下3桁の2進表現で2.3125という値を表現したいとします。このとき、小数点以下3桁の2進表現で10.010とすると2 + 1/4 = 2.25になり、10.011とすると2 + 1/4 + 1/8 = 2.375になり、いずれにしても0.0625の誤差が生じます。小数点以下3桁の2進表現では、

その間の数は表現できませんから、この誤差を避けることはできません。

　全体のビット数を増やして小数点以下の桁数を多くすると精度は高くなりますが、どんなにビット数を増やしても表現する値によっては誤差を完全になくすことはできません。これはどんなインタープリタにもコンパイラにも共通する問題点です。

 実際には実数には一般的に IEEE という学会が定めた規格の浮動小数点数が使われますが、誤差が発生するメカニズムは同じです。

　演算の精度を高める 1 つの方法は、コンピュータ内部での数値の表現を工夫することです。たとえば、実数を内部で小数点以下 1 億桁まで保存して演算させれば、精度は改善されます（特別な目的がある場合以外はあまり現実的とはいえませんが）。また、たとえば、割り算の結果が無限小数になる数が計算の過程で発生するときには、数を、実数ではなく、分数として保存しておき、途中の計算も分数で行い、すべての演算が終了したときに実数に変換することで、計算の過程の誤差を減らすことができる場合があります。もちろん、そのためにはプログラミング言語はデータ型として分数型をサポートしなければなりません。

　また、整数と実数を区別すると、計算の効率が良くなるだけでなく、整数の演算で発生する可能性がある誤差をある程度防ぐことができる場合があります。そのため、言語を設計するときに整数と実数を区別することもよく行われます。

　いずれにしても、プログラミング言語の用途によっては精度の問題が極めて重大になることがあり、インタープリタやコンパイラおよびプログラミング言語の設計者にとっては、精度の問題は忘れてはならない問題です。

◆ 整数のオーバーフローの問題

　実数の場合、実用上はほとんど無限に近い範囲の値を扱うことができますが、整数型の変数に保存できる値は整数型のサイズによって決まります。そして、その範囲を超えると、オーバーフローが発生して、予期しない結果になることがあります。インタープリタやコンパイラで扱える整数の範囲を拡大したいときには、コンピュータ内部での数値の表現を工夫する必要があります。また、インタープリタやコンパイラの中には計算のたびに数の大きさを調べて、計算や変換の結果などが保存できる数の範囲を超えた場合に報告するものもあります。

◆ 最適化

　最適化という言葉は、速度（プログラムの実行時の速さ）と空間（プログラムが占めるメモリやディスクスペース）という2つの領域に関して使われますが、一般に、現代のインタープリタやコンパイラに関して問題になるのは速度の最適化です。プログラムを速く実行するためには、実行するマシンコードの数を少なくする必要があります。そのための方法は、それだけで1冊の本ではカバーしきれないほどのトピックがあるので、本書では取り上げません。一般的には、問題なく使用できるインタープリタやコンパイラを開発できるようになった後で、最適化について深く掘り下げるとよいでしょう。

第 3 章　ポストフィックス計算機

練 習 問 題

問題 3.1

postfix プログラムで、printstack コマンドの短縮形として ps コマンドでスタックの
内容を表示できるようにしてください。

問題 3.2

postfix プログラムにエラー処理を追加してください。

問題 3.3

postfix プログラムで、演算子を入力すべきときに数が入力されたらエラーメッセー
ジを出力するようにしてください。

四則計算機

第3章では、「1 2 +」のようなポストフィックス形式の計算プログラムを作成しました。ここでは、「1+2」のような通常の形式の式を計算できるプログラムを作成してみましょう。

第 4 章　四則計算機

4.1　四則計算機の概要

　この章で作成するプログラムは、加減乗除の四則計算を通常の式の形式で計算できる計算機です。

　ここで作るプログラムは、Python の eval() を使えば容易に作成できますが、ここではあえて eval() を使わずにスタックを使って作成する方法を考えてみます。

◆ 四則計算機の操作方法 ·· ◆

　操作方法としては、次のような通常の代数の式の順序で入力して操作できるものとします。

```
2 + 4 * 3
```

　実際には、式を 1 行で入力するのではなく、数値を入力して、演算子を入力して、さらに数値を入力すると結果が表示されます。また、続けて演算子を入力してから数値を入力するとさらに結果が表示されるという操作になります。

```
->2
->+
->4
6
->*
->3
18
```

　いわゆる電卓と似た操作ですが、プロンプトに対して数値か演算子を入力する形式なので、電卓にはある ＝（イコール）キーはこのプログラムでは必要ありません。また、電卓と同じで、演算子の優先順位はありません。いいかえると、「2 + 4 * 3」は「(2 + 4) * 3」のように入力した順序で計算が行われます。

64

4.1 四則計算機の概要

 式を1行で入力して計算できるプログラムは第5章で作成します。

◆ 戦略

このような計算を行えるようにするためには、少々工夫が必要です。たとえば、「2 + 4 * 3」を計算するときには、最初の2と次の+が入力された時点ではまだ計算ができません。さらに次の4が入力されたときに、初めて最初の計算（2 + 4）を行うことができます。つまり、第3章のポストフィックス計算機のように演算子が入力されたときに計算を行うのではなく、2個目以降の数値が入力されたときに計算を行うようにする必要があります。

これを可能にする方法はいくつかあります。どのようにすればこのプログラムを実現できるか、ここでちょっと考えてみてください。

初心者はおそらく2個の変数を使って値と演算子を保存しようと考えるでしょう。つまり、最初の2が入力されたら変数vに値を保存し、次の+が入力されたら変数opに保存し、さらに次の4が入力されたときにvの値と入力されたばかりの値4および変数opの中に保存されている演算子の情報から計算を行って、結果を変数vに入れるという方法を考えるかもしれません。この方法の場合、数値が入力されたときに変数vとopの内容を使って計算を行いますが、最初に数値が入力されたときにはまだvには値がないので、計算を行えません。そのことを認識できるようにするためには、変数vに何も値が入っていないことを示す別の変数を作る必要があります。そのような方法でプログラムを作ることは可能ですが、プログラミング手法としてはあまりスマートであるとはいえず、また、後で式の中で括弧()を使えるようにプログラムを拡張するようなことを考慮すると、あまり優れた方法とはいえません。スタックを使うと、スマートなプログラムを作成することができます。

4.2 四則計算機の作成

通常の式の通りに入力して計算できる四則計算機をスタックを使って作成してみましょう

◆ スタックの状態

このプログラムを考えるときのポイントは、スタックの状態です。たとえば、「3+1*2-3」という式を実行するものとします。最初に数値 3 が入力されるので、スタックに保存します。次に演算子 + が入力されますが、この段階では演算数が 1 個しかないので演算できませんから、演算子もスタックに保存します。次に数値 1 が入力されたら、スタックから「+」と「3」を取り出して、今入力されたばかりの数 1 も使って「3+1」を計算します。結果はスタックに保存します。さらに演算子 * が入力されますが、この段階ではスタックに演算数が 1 個しかないので演算できませんから、この演算子はスタックに保存します。次に数値 2 が入力されたら、スタックから「*」と「4」を取り出して「4*2」を計算します。こうして式「3+1*2-3」の最終的な結果 5 を得ます。

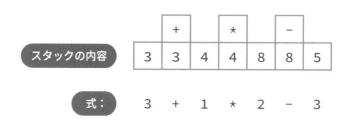

図4.1●スタックの状態

数と演算子は、第 3 章で作成した Stack クラスに保存します。

◆ 操作とプログラム

プログラム全体の構造は、第3章のpostfixと本質的に変わりません。ここでは、ユーザーの操作からプログラムについて考えてみましょう。

ユーザーは数値を入力するか、演算子を入力します。

コマンドが入力された場合は、第3章のプログラムと同様にコマンドを実行します。

演算子が入力された場合は、スタックに保存します。このとき、スタックに数値がなければエラーです。

```
if isOp(line):  # 演算子が入力された
  # スタックに保存します。このとき、スタックに数値がなければエラー
  if stack.len() < 1:
    print('シンタックスエラー')
    continue
```

スタックを調べて、スタックの中の要素が1個ならばスタックの中は数値でなければならず、条件を満たしているならスタックに数値と演算子をプッシュします。

```
s = stack.pop()
if isOp(s) == False:
  stack.push( s )
  stack.push( line )
else:
  print('シンタックスエラーです。')
  continue
```

数値が入力された場合は、最初に数値に変換できるかどうか調べます。

```
else :          # 数値が入力された場合、
  # 数値に変換できるかどうか調べる
  try :
    v = float(line)
  except (SyntaxError, ValueError):
    print('シンタックスエラー：数値に変換できません。')
    continue
```

第 4 章　四則計算機

　そして、スタックを調べて、スタックの中の要素が 0 個であれば数値としてスタック
に保存します。

```
if stack.len() == 0:
  # 数値なのでスタックに保存する
  stack.push( line )
  continue
```

　スタックに値が保存されているのにさらに数値が入力されたらエラーです。

```
if stack.len() == 1:  # スタックに値が保存されていて数値が入力された
  print('シンタックスエラーです。')
  continue
```

　スタックに数値と演算子があれば、スタックの一番上の要素は演算子で、その下の要
素は演算数なので、入力された値とスタックの値と演算子で演算します。それ以外なら
エラーにします。

```
try :
  op = stack.pop()
except (SyntaxError, ValueError):
  print('シンタックスエラーです。')
  continue
try :
  v1 = stack.pop()
except (SyntaxError, ValueError):
  print('シンタックスエラーです。')
  continue
try :
  v1 = float(v1)
except (SyntaxError, ValueError):
  print('シンタックスエラーです。')
  continue
operate(v1, v, op)  # 演算する
```

4.2 四則計算機の作成

◆ 四則計算機のプログラム

四則計算機のプログラム smplcalc 全体は次のようになります。

リスト 4.1 ● smplcalc の smplcalc.py

```python
# smplcalc.py
import sys
import myutil

# スタックからのデータと渡されたデータで演算を行う
#   v1, v2:数値
#   op :演算子
def operate(v1, v2, op):
  if op == '+': # 加算
    c = v1 + v2
  if op == '-': # 減算
    c = v1 - v2
  if op == '*': # 乗算
    c = v1 * v2
  if op == '/': # 除算
    c = v1 / v2
  stack.push(c)
  print(c)

# 引数が演算子ならTrueを返す
def isOp(s):
  if s == '+' or s == '-' or s == '*' or s == '/':
    return True
  else:
    return False

# 引数の処理
myutil.processargs(sys.argv, ver = "0.01")

# スタックを用意する
stack = myutil.Stack()

# ユーザーの入力を受け取って出力するループ
```

69

第 4 章　四則計算機

```
while True:
  line = input('->')  # プロンプトを出力して行を受け取る

  # 文字列前後の空白文字を削除する。
  line = line.strip()
  # 「printstack」であれば現在のスタックの内容を出力する。
  if line == "printstack":
    stack.print()
    continue
  # 文字列が「quit」か「exit」であればループを抜ける。
  if line == "quit" or line == "exit" :
    break
  # 「quit」か「exit」で大文字が含まれていればメッセージを出力する。
  if line.lower() == "exit" :
    print("もしかして'exit'ではないんかい？")
  if line.lower() == "quit":
    print("もしかして'quit'ではないんかい？")

  # 演算子または数値の処理
  if isOp(line):  # 演算子が入力された
    # スタックに保存します。このとき、スタックに数値がなければエラー
    if stack.len() < 1:
      print('シンタックスエラー')
      continue
    # スタックを調べて、スタックの中の要素が1個ならば
    # スタックの中は数値でなければならない。
    s = stack.pop()
    if isOp(s) == False:
      stack.push( s )
      stack.push( line )
    else:
      print('シンタックスエラーです。')
      continue
  else :          # 数値が入力された場合、
    # 数値に変換できるかどうか調べる
    try :
      v = float(line)
    except (SyntaxError, ValueError):
      print('シンタックスエラー：数値に変換できません。')
```

70

4.2 四則計算機の作成

```python
        continue
    # スタックを調べて、スタックの中の要素が0個か
    if stack.len() == 0:
        # 数値なのでスタックに保存する
        stack.push( line )
        continue
    if stack.len() == 1:  # スタックに値が保存されていて数値が入力された
        print('シンタックスエラーです。')
        continue
    # スタックに数値と演算子があれば、スタックの一番上の要素は演算子
    # その下の要素は演算数なので、入力された値とスタックの値と演算子で演算する。
    # それ以外ならエラーにします。
    try :
        op = stack.pop()
    except (SyntaxError, ValueError):
        print('シンタックスエラーです。')
        continue
    try :
        v1 = stack.pop()
    except (SyntaxError, ValueError):
        print('シンタックスエラーです。')
        continue
    try :
        v1 = float(v1)
    except (SyntaxError, ValueError):
        print('シンタックスエラーです。')
        continue
    operate(v1, v, op)  # 演算する
```

リスト 4.2 ● smplcalc の myutil.py

```python
# myutil.py
# ch04のファイル
import sys


# スタックのクラス
class Stack:
    def __init__(self):
```

第 4 章　四則計算機

```python
      self.stack = []
   def push(self, v): # スタックにデータを保存する
     self.stack.append(v)
   def pop(self):  # スタックからデータを取り出す
     try :
       result =  self.stack.pop() # 最後の要素
     except IndexError:
       print('スタックにデータがありません。')
       return
     return result
   def pop2(self):   # スタックから2個のデータを取り出す
     try:
       result1 =  self.stack.pop() # 最後の要素
     except IndexError:
       print('スタックにデータがありません。')
       return
     try:
       result2 =  self.stack.pop() # 最後の要素
     except IndexError:
       print('スタックにデータがありません。')
       self.stack.append(result1)
       return
     return [result1, result2]
   def print(self):   # スタックの内容を表示する
     for v in self.stack:
       print(v)
   def len(self):     # スタックの長さを返す。
     return len(self.stack)

# コマンドライン引数の処理
def processargs(args, ver):
  # ファイル名と拡張子に分ける
  name , ext= args[0].split('.')
  # 引数に「-V」か「--version」が含まれていれば
  # バージョン情報を出力して終了する
  for s in args[1:]:
    if s == '-V' or s == '--version':
      print(name,'バージョン ', ver)
      sys.exit()   # このプログラムを終了する
```

```
    # 引数に「-H」か「-?」か「--help」が含まれていれば
    if s == '-H' or s == '-?' or s == '--help':
        # ファイル名と拡張子に分ける
        print(name, ':やさしいインタープリタの作り方入門参照')
        sys.exit()    # このプログラムを終了する
```

このプログラムの実行例を次に示します。

```
C:\InterpretPy\ch04>python smplcalc.py
->2
->+
->8
10.0
->*
->2
20.0
->/20
シンタックスエラー：数値に変換できません。
->ps
20.0
->/
->2
10.0
->+
->8
18.0
->+
->-5
13.0
->exit
```

第 4 章　四則計算機

4.3　四則計算機の拡張

　変数を使っても実現できないことはない四則計算機を、スタックを使って実装したのには理由があります。smplcalc では式の中で () を使うことができませんが、スタックを使ったことで、式の中で () を使えるように拡張することが容易にできます。

◆ 括弧があるときのスタックの状態 ‥‥‥‥‥‥‥‥‥‥‥‥‥‥‥‥‥‥ ◆

　括弧がある式を計算するときには、ユーザーは、コマンドを入力するか、数値を入力するか、演算子を入力するか、あるいは左括弧「(」か右括弧「)」を入力します。

　次に、式の中に括弧がある場合の、式とスタックの関係を見てみましょう。次の図に、いくつかの式の例とその式の値や演算子と括弧を入力したときのスタックの変化の様子を示します。

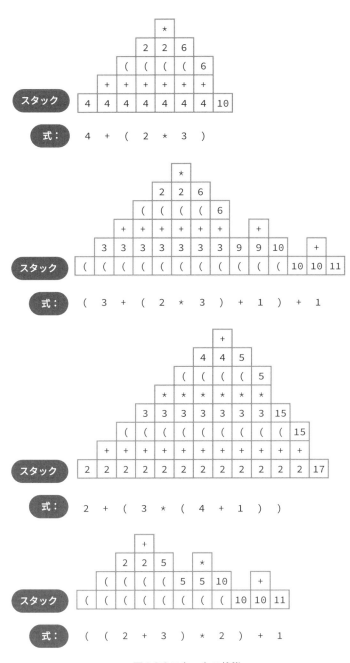

図4.2 ● スタックの状態

第4章　四則計算機

この図から、プログラム側の状態を考えてみます。

まず、計算を行うのは、（一定の条件のもとで）数値が入力されたときか、（一定の条件のもとで）右括弧が入力されたときであるという点に注目してください。つまり、演算するための値と演算子がスタックに入っている状況で数値か右括弧が入力されたときに計算を行い、左括弧や演算子が入力されたときには、計算は行いません。

以下で少しコードを詳しく検討してみましょう。

コマンドが入力されたときには単にコマンドを実行します。smplcalc2.py では smplcalc.py に少しコマンドを追加しています。

```
# 「printstack」か「ps」であれば現在のスタックの内容を出力する。
if line == "printstack" or line == "ps":
  stack.print()
  continue
# 「clearstack」か「cs」であれば現在のスタックの内容をクリアする。
if line == "clearstack" or line == "cs":
  stack.clear()
  continue
# 文字列が「quit」か「exit」であればループを抜ける。
if line == "quit" or line == "exit" :
  break
# 「quit」か「exit」で大文字が含まれていればメッセージを出力する。
if line.lower() == "exit" :
  print("もしかして'exit'ではないんかい？")
if line.lower() == "quit":
  print("もしかして'quit'ではないんかい？")
```

数値が入力されたときには、次の処理を行います。

数値が入力されたら最初にスタックを調べます。スタックの中身がなければ単に数値をスタックに積みます。

```
if isNum(line):
  v = float(line)
  # スタックを調べて、スタックの中の要素が0個か
  if stack.len() == 0:
    # 数値なのでスタックに保存する
```

76

```
    stack.push( line )
    continue
```

　数値が入力されたときに、スタックの一番上の要素が左括弧であれば、スタックに左括弧をプッシュしてから数値をプッシュします。

```
top = stack.pop()
# スタックトップに'('が保存されていて数値が入力された
if top == '(':
  stack.push( top )
  stack.push( line )
  continue
```

　数値が入力されたときに、スタックの一番上の要素が演算子で、その下の要素が演算数であれば、入力された値とスタックから取り出した演算数および演算子を使って演算を行います（四則計算機のプログラム smplcalc と同じ動作です）。

```
try :
  v1 = stack.pop()
except (SyntaxError, ValueError):
  print('シンタックスエラーです。2')
  continue
try :
  v1 = float(v1)
except (SyntaxError, ValueError):
  print('シンタックスエラー:数値に変換できません。')
  continue
operate(v1, v, top)  # 演算する
continue
```

　演算子が入力されたら、後で計算するためにスタックにプッシュします。

```
# 演算子のときの処理
if isOp(line):  # 演算子が入力された
```

第4章　四則計算機

```
# スタックに保存します。このとき、スタックに数値がなければエラー
if stack.len() < 1:
  print('シンタックスエラー')
  continue
# スタックを調べて、スタックの中の要素が1個以上ならば
# スタックのトップは数値でなければならない。
if stack.len() >= 1:
  s = stack.pop()
  if isNum(s) == True:
    stack.push( s )
    stack.push( line )
  else:
    print('シンタックスエラーです。')
  continue
```

　左括弧「(」が入力されたときには、スタックにプッシュします。このとき、左括弧の1つ前の要素がある場合には、その要素は演算子か「(」でなければならないので、それもチェックします。

```
# 左括弧'('の処理
def processLParen():
  if stack.len() > 0:
    top = stack.pop()
    if isOp(top) == False and top != '(':
      print('シンタックスエラー')
      return
    stack.push(top)
  v = stack.push( '(' )
  return 0
```

　右括弧「)」が入力されたときには、次の処理を行います。

　最初にスタックから2個の要素 top（数）、top_1（左括弧）を取り出します。

　残ったスタックの要素が0個の場合は、top（数）だけスタックに積んでリターンします。左括弧は削除されます。

　残ったスタックの要素が1個以上ある場合は、要素 top_2 を取り出します。そして、

top が数で top_2 が演算子の場合は、さらに top_3（数）を取り出して演算を行います。
top が数で top_2 が左括弧（'('）の場合は、top2 と top（数）をスタックに積んでリターンします。

```python
# 右括弧')'の処理
def processRParen():
  n = stack.len()
  if n < 2:
    print('シンタックスエラー')
    return
  top, top_1 = stack.pop2() # topは数値,top_1='('
  if stack.len() == 0:
    stack.push(top)
    return
  top_2 = stack.pop()
  if isOp(top_2):
    top_3 = stack.pop()
    v = float(top)
    v1 = float(top_3)
    operate(v1, v, top_2)   # 演算する
  elif top_2 == '(':
    stack.push(top_2)
    stack.push(top)
  else:
    stack.print('シンタックスエラー')
```

第 4 章　四則計算機

◆ プログラム smplcalc2

式の中で括弧を使えるようにした四則計算機のプログラム smplcalc2 のソースリストのうち main.cpp を以下に示します。

リスト 4.3 ● smplcalc2 の smplcalc2.py

```python
# smplcalc2.py
import sys
import myutil

DEBUG = False  # False/True

# 引数の処理
myutil.processargs(sys.argv, ver = "0.01")

# スタックからのデータと渡されたデータで演算を行う
#   v1, v2:数値
#   op :演算子
#   結果はスタックに積む
def operate(v1, v2, op):
  if DEBUG:
    print('v1=', v1, ' v2=', v2, ' op=', op)
  if op == '+': # 加算
    c = v1 + v2
  if op == '-': # 減算
    c = v1 - v2
  if op == '*': # 乗算
    c = v1 * v2
  if op == '/': # 除算
    c = v1/ v2
  stack.push(c)
  print(c)

# 引数が演算子ならTrueを返す
def isOp(s):
  if s == '+' or s == '-' or s == '*' or s == '/':
    return True
  else:
```

80

```
    return False

# 引数が数値ならTrueを返す
def isNum(s):
  try :
    v = float(s)
  except (SyntaxError, ValueError):
    return False
  return True


# スタックを用意する
stack = myutil.Stack()

# 右括弧')'の処理
def processRParen():
  n = stack.len()
  if DEBUG:
    print("processRParen():stack.len=", n)
    stack.print()
  if n < 2:
    print('シンタックスエラー')
    return
  top, top_1 = stack.pop2() # topは数値,top_1='('
  if stack.len() == 0:
    stack.push(top)
    return
  top_2 = stack.pop()
  if isOp(top_2):
    top_3 = stack.pop()
    v = float(top)
    v1 = float(top_3)
    operate(v1, v, top_2)   # 演算する
  elif top_2 == '(':
    stack.push(top_2)
    stack.push(top)
  else:
    stack.print('シンタックスエラー')

# 左括弧'('の処理
```

第 4 章　四則計算機

```python
def processLParen():
  if stack.len() > 0:
    top = stack.pop()
    if isOp(top) == False and top != '(':
      print('シンタックスエラー')
      return
    stack.push(top)
  v = stack.push( '(' )
  return 0


# ユーザーの入力を受け取って出力するループ
while True:
  line = input('->')   # プロンプトを出力して行を受け取る

  # 文字列前後の空白文字を削除する。
  line = line.strip()
  # 「printstack」か「ps」であれば現在のスタックの内容を出力する。
  if line == "printstack" or line == "ps":
    stack.print()
    continue
  # 「clearstack」か「cs」であれば現在のスタックの内容を出力する。
  if line == "clearstack" or line == "cs":
    stack.clear()
    continue
  # 文字列が「quit」か「exit」であればループを抜ける。
  if line == "quit" or line == "exit" :
    break
  # 「quit」か「exit」で大文字が含まれていればメッセージを出力する。
  if line.lower() == "exit" :
    print("もしかして'exit'ではないんかい？")
  if line.lower() == "quit":
    print("もしかして'quit'ではないんかい？")

  # (と)の処理
  if line == '(':
    processLParen()
    continue
  if line == ')':
    processRParen()
```

82

4.3　四則計算機の拡張

```python
      continue

# 演算子のときの処理
if isOp(line):  # 演算子が入力された
  # スタックに保存します。このとき、スタックに数値がなければエラー
  if stack.len() < 1:
    print('シンタックスエラー')
    continue
  # スタックを調べて、スタックの中の要素が1個以上ならば
  # スタックのトップは数値でなければならない。
  if stack.len() >= 1:
    s = stack.pop()
    if isNum(s) == True:
      stack.push( s )
      stack.push( line )
    else:
      print('シンタックスエラーです。')
    continue

# 数値が入力された場合の処理、
if isNum(line):
  v = float(line)
  # スタックを調べて、スタックの中の要素が0個か
  if stack.len() == 0:
    # 数値なのでスタックに保存する
    stack.push( line )
    continue
  top = stack.pop()
  # スタックトップに'('が保存されていて数値が入力された
  if top == '(':
    stack.push( top )
    stack.push( line )
    continue
  # スタックに数値と演算子があれば、スタックの一番上の要素は演算子
  # その下の要素は演算数なので、入力された値とスタックの値と演算子で演算する。
  # それ以外ならエラーにします。
  if DEBUG:
    print('top=', top, ' line=', line)  # debug
  try :
```

83

```
        v1 = stack.pop()
    except (SyntaxError, ValueError):
        print('シンタックスエラーです。2')
        continue
    if DEBUG:
        print('v1=', v1)   # debug
    try :
        v1 = float(v1)
    except (SyntaxError, ValueError):
        print('シンタックスエラー:数値に変換できません。')
        continue
    operate(v1, v, top)   # 演算する
    continue

print('シンタックスエラーです。2')
```

このプログラムは、おおむね期待した通りに動作しますが、完璧ではありません。特に、ユーザーの想定外の操作についてはあまり配慮していません（常に正しい式を入力しなければなりません）。

このプログラムを使っていて予期しない結果になったときには、まず入力した式を確認してください。たとえば、「1」、「+」、「2」、「(」と入力した場合（「1+2(」のような式を入力した場合）、数値 2 と「(」の間に必要な演算子がないため、プログラムは正しく動作しません。この種のエラーをすべて報告させるには、練習問題を参考にして、ユーザーのエラーを検出して報告するコードを追加してください。

実際、演算子の優先順位などを考慮した式の本格的な処理には、たとえば、演算子も含めてスタックに積むなど他の手法を使います。

このプログラムは有効で、比較的わかりやすいですが、理想的なプログラムであるとはいえません。このプログラムについては、スタックを使って括弧があるような計算を比較的容易に行うことができるという点に特に注目してください。もし、この章の最初のプログラム smplcalc をスタックを使わずに、変数を使って作ったとしたら、括弧を使えるように拡張することは容易ではありません。

4.3 四則計算機の拡張

◆ Stack クラスの改良と追加 ·· ◆

第3章の Stack クラスの print() は下に積まれた要素から順に表示するように作成しました

```
def print(self):        # スタックの内容を表示する
  for v in self.stack:
    print(v)
```

しかし、逆にして次の例のようにスタックの上から表示するほうがスタックのイメージをつかみやすくなります。

```
->(
->3
->*
->ps
Stack[ * Top
Stack[ 3
Stack[ ( Bottom
```

そこで、Stack クラスの print() を次のように変更してみましょう。

```
def print(self):    # スタックの内容を表示する
  l = len(self.stack)
  for i in range(l-1, -1, -1):
    if i == l-1:
      print('Stack[', self.stack[i], 'Top')
    elif i == 0:
      print('Stack[', self.stack[i], 'Bottom')
    else:
      print('Stack[', self.stack[i])
```

また、計算が終了しても計算結果がスタックに残るので、次の計算を行うことができません。そこで、次のような clear() を Stack クラスに追加します。

第4章　四則計算機

```
def clear(self):    # スタックをクリアする。
  self.stack.clear()
```

スタックのクラスを含む改訂した myutil.py 全体を次に示します。

リスト4.4 ● myutil.py（改良版）

```
# myutil.py
# ch04のファイル
import sys

# スタックのクラス
class Stack:
  def __init__(self):
    self.stack = []
  def push(self, v): # スタックにデータを保存する
    self.stack.append(v)
  def pop(self):  # スタックからデータを取り出す
    try :
      result =  self.stack.pop() # 最後の要素
    except IndexError:
      print('スタックにデータがありません。')
      return
    return result
  def pop2(self):    # スタックから2個のデータを取り出す
    try:
      result1 = self.stack.pop() # 最後の要素
      result2 = self.stack.pop() # 最後から2番目の要素
    except IndexError:
      print('スタックにデータがありません。')
      return
    return [result1, result2]
  def print(self):    # スタックの内容を表示する
    l = len(self.stack)
    for i in range(l-1, -1, -1):
      if i == l-1:
        print('Stack[', self.stack[i], 'Top')
```

86

```python
        elif i == 0:
          print('Stack[', self.stack[i], 'Bottom')
        else:
          print('Stack[', self.stack[i])
  def len(self):     # スタックの長さを返す。
    return len(self.stack)
  def clear(self):     # スタックをクリアする。
    self.stack.clear()

# コマンドライン引数の処理
def processargs(args, ver):
  # ファイル名と拡張子に分ける
  name , ext= args[0].split('.')
  # 引数に「-V」か「--version」が含まれていれば
  # バージョン情報を出力して終了する
  for s in args[1:]:
    if s == '-V' or s == '--version':
      print(name,'バージョン ', ver)
      sys.exit()    # このプログラムを終了する
    # 引数に「-H」か「-?」か「--help」が含まれていれば
    if s == '-H' or s == '-?' or s == '--help':
      # ファイル名と拡張子に分ける
      print(name, ':やさしいインタープリタの作り方入門参照')
      sys.exit()    # このプログラムを終了する
```

第 4 章　四則計算機

練 習 問 題

問題 4.1

smplcalc で、printstack コマンドの短縮形として ps コマンドでスタックの内容を表示できるようにしてください。

問題 4.2

smplcalc2 で、「(」の直後に演算子を入力したようなときに計算を続行できるようにプログラムを改良してください。

問題 4.3

smplcalc や smplcalc2 で、問題 4.2 のような問題点を見つけて問題を解決するようにプログラムを改良してください。

ラインインタープリタ

一般的なインタープリタでは、1行の式を入力して式の計算を行ったり変数を使うことができます。ここでは、ユーザーが1行のステートメントやコマンドラインを入力すると、それを解釈して実行するプログラムを作成します。

第5章 ラインインタープリタ

5.1 ラインインタープリタの設計

ここでは、作成するラインインタープリタの概要と、作成のためのアプローチを説明します。

◆ ラインインタープリタの概要

ラインインタープリタは、1行のステートメントやコマンドラインを受け取って解釈して実行するプログラムです。

たとえば、次のように式を入力すると、計算結果が表示されるようにします。

```
->123+456
579
```

コマンドを明示的に指定することもできるようにします。

```
->print (123-45)*2.3
179.4
```

ほかにこのプログラムを便利に使えるようにするコマンドをいくつか定義します。このラインインタープリタがサポートするコマンドは次の表のようになります。それぞれのコマンドの詳細は、プログラムの作成方法の説明の中で解説します。

表5.1●ラインインタープリタのコマンド

コマンド	意味
print	「print x」の形式で使い、値xを出力する
exit	プログラムを終了する
quit	プログラムを終了する
printstack	スタックの内容を表示する
ps	printstackの短縮形

90

5.1 ラインインタープリタの設計

コマンド	意味
printvar	変数表の内容を出力する
pv	printvarの短縮形
dispstack	現在のスタックの内容を出力をオンオフする
ds	dispstackの短縮形
disptoken	トークン出力をオン／オフする。
dt	disptokenの短縮形

　ps は printstack コマンドの短縮形、pv、ds、dt はそれぞれ printvar、dispstack、disptoken の短縮形です。このようなコマンドの短縮形をたくさん定義すると便利なように思えます。しかし、定義した文字列は予約語となり、変数名などとして使えなくなるという点に注意する必要があります。なお、quit と printstack および ps についてはすでにこれまでの章で説明した方法で実装することにします。

　ラインインタープリタの式の中では、変数も使えるようにしましょう。代入された変数の値は内部（メモリ）に保存され、後で入力した行で使えるようにします。

```
->abc=123
->xy=20
->print abc+(xy/2)
133
->abc=5
->abc+xy-3
22
```

　代入演算子には、少しだけ注意を払う必要があります。代入は通常、右辺の計算がすべて行われた後で行われます。この章のプログラムでは、演算子はすべて同じ優先順位であると仮定しますが、代入だけは計算を行った後で行う必要があるので、代入演算子（=）の優先順位は、計算と括弧の演算子（+、-、/、*、(、)）よりも低いことになります。

Note　代入はステートメント（実行される命令）であると解釈してもかまいません。

第 5 章　ラインインタープリタ

◆ ラインインタープリタの構造 ···◆

　このラインインタープリタでは、ステートメントやコマンドが行ごとに入力されます。入力された行は、構成要素に分割する必要があります。たとえば、次のような式が入力されたものとします。

```
a = ( 123.45 + b ) * 2.0
```

　これは、まず、「a」、「=」、「(」、「123.45」、「+」、「b」、「)」、「*」、「2.0」に分解しなければなりません。このような操作を字句解析といいます。字句解析の結果得られるものをトークンといいます。

　字句解析の基本的な考え方は、入力されたコード行の先頭から文字を取り出しては、それが変数名やコマンド名のようなシンボルであるか、あるいは（+、-、/、*、= のような）演算子であるか、括弧（(、)）のような記号であるか、それとも 123 や -654 のような値であるか調べて、調べた結果をどこかに保存します。これは簡単な作業のようですが、実際に取り組んでみると、いろいろな問題が浮かび上がってきます。たとえば、負の数値であるかどうか判断することには意外な困難を伴います。「-123」のような数値が単独である場合には、第 4 章までに見てきた方法を使うことができますが、値が式の中に含まれると、「-」をどのように認識するべきか、簡単には解決できない場合があります。次の式を見てください。

```
-456-123
```

　これは、「-456」という負の数から正の数「123」を引く式ですが、ゼロから「456」という正の数を引いて、さらにその結果から正の数「123」を引く（0 - 456 - 123）というように解釈することもできます。

　次のように式の中に負の数が入ると、問題はますます複雑になります。

```
3 - ( 123 * 2 ) + ( -3.14 * 5 )
```

　字句解析が終わったら、次に、識別したトークンをスタックに積んで、実行のための

92

準備を行います。同時に、一連の変数を保存しておく変数表を作成する必要があります。
変数表は、変数の名前と値のペアのリストです。

変数	値
abc	123
xy	10
a	0
b	0

図5.1●変数表の概念

変数表を保存する変数を作成する際には、Python の dict を使います。

```
# 変数表
varmap = dict()
```

dict は、値のペアを保存するためのコンテナで、コンテナ内部でキーと値が関連付け
られています。つまり、変数名をキーとし、変数の値を値として、変数名と値のペアを
その関係を保ったまま保存することができます。加えて、特定のキーの値を簡単に検索
できます。

```
result = varmap[key]
```

この場合、特定のキーとは変数名であり、その値が dict の中にあれば簡単に取得で
き、なければ例外 KeyError が発生してそのキーとキーに対応する値がないことを容易に
知ることができます。

```
try:
    tok = str(varmap[tok])
except KeyError:
    print('変数' + tok + 'が定義されていません。')
```

字句解析と変数表ができたら、ステートメントやコマンドを実行します。ステートメントやコマンドを実行するときには、スタックの内容と変数表の値を使って計算を行います。

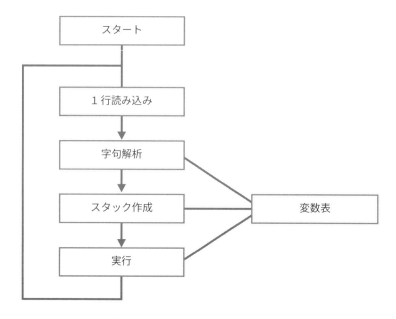

図5.2●ラインインタープリタの構造

コンパイラの理論書では、字句解析の次に読み込んだステートメントの構文を解析し、引き続いて意味を解析することになっていますが、実際のコンパイラやインタープリタではその区別を明確にしないことがよくあります。特に、1パスコンパイラと呼ばれる1回の読み込みと解析で実行可能ファイルを作成するものやシンプルなインタープリタでは、ソースコードを読み込みながらできる作業をどんどん行うというのが普通です。

5.2 字句解析

字句解析では、入力されたコード行を要素に分割します。

◆ 字句解析の方法

すでに説明したように、字句解析の基本的な考え方は、入力されたコード行の先頭から文字を取り出しては、それがシンボルであるか、演算子であるか、記号であるか、あるいは値であるか調べます。

たとえば、入力された1行分の文字列が変数 s に入っているものとします。このとき、先頭の文字を取り出して、その文字がたとえば「/」であれば割り算の演算子 (/) であり、その文字が「*」であれば掛け算の演算子であると判定し、演算子のトークンをトークンのリストに保存します。

これは簡単な作業のようですが、実際に取り組んでみると、いくつかの問題が浮かび上がってきます。たとえば、負の数値であるかどうか判断することには意外な困難を伴います。「-123」のような表現が、「-123」という数値であるのか、「x-123」のような演算子としての「-」であるのか、判定しなければなりません。式には「12-(-123+y)」や「a=-12*3」あるいは「abc = 12 - (-123 * y)」のような単純でないものもあります。

負の数値であるかどうか判断するためには、前のトークンを覚えておいて、「-」の前に何もないか、「(」か「=」であり、かつ、その「-」の後に数値があるような場合に、その「-」は負数を表す「-」であると判定します。

そこで、次のような戦略で対処しましょう。

文字列 s の先頭の文字を c とし、1つ前の文字を c0 とします。

```
# トークンに切り分ける
def getToken(s):
  s = s.strip()   # 文字列前後の空白文字を削除する。
  s = myutil.delSpace(s)   # 文字列中の空白文字を削除する。
  if DEBUG:
    print("getToken s=", s)
  tokens = []
```

第5章 ラインインタープリタ

```
pos = 0
lenstr = len(s)
while pos < lenstr:
  c = s[pos]   # 現在の文字
  if pos == 0:
    c0 = '#'     # 1つ前の文字はない
  else:
    c0 = s[pos-1]  # 1つ前の文字
  if DEBUG:
    print("pos=", pos,"c='" + c +"'")
  pos += 1
```

c が、+、/、*、=、(、) のいずれかなら、新しいトークンとしてトークンリストに追加します。

```
# 演算子
if c == '+' or c == '*' or c == '/' or c == '=' or myutil.isParen(c):
  tokens.append(c)
  continue
```

c が、数値かピリオドなら、数値の終わり（次の文字が数値でも「.」でもない）までつなげて、新しいトークンとしてトークンリストに追加します。

```
# 数値
if c == '.' or c.isdigit() == True:
  tok = c
  if DEBUG:
    print("tok=", tok)
  while pos < lenstr:
    c1 = s[pos]
    if c1 != '.' and c1.isdigit() != True:
      break
    else:
      pos += 1
      tok = tok + c1
  tokens.append(tok)
```

96

cが-記号で、cが先頭文字であるか、前の文字が演算子か「(」かであるなら、数値として数値の終わり（次の文字が数値でも「.」でもない）までつなげて、新しいトークンとしてトークンリストに追加します。そうでなければ演算子（マイナス記号）なので、そのままトークンリストに追加します。

```python
# 負の数値
if c == '-' and (myutil.isOparator(c0) == True or \
                c0 == '(' or c0 == '#'):
  tok = c
  if DEBUG:
    print("tok=", tok)
  while pos < lenstr:
    c1 = s[pos]
    if c1 != '.' and c1.isdigit() != True:
      break
    else:
      pos += 1
      tok = tok + c1
  tokens.append(tok)
elif c == '-': # マイナス記号
  tokens.append(c)
  continue
# シンボル
if c.isalpha() == True:
  tok = c
  if DEBUG:
    print("tok=", tok)
  while pos < lenstr:
    c1 = s[pos]
    if c1.isalnum() == True:
      pos += 1
      tok = tok + c1
    else:
      break
  tokens.append(tok)

return(tokens)
```

第5章　ラインインタープリタ

　1行のソースコードを受け取って、トークンに切り分けて出力するプログラム全体は
次のようになります。

リスト 5.1 ● gettoken プログラムの gettoken.py

```python
# gettoken.py
import myutil

DEBUG = False
NODEBUG = True

# トークンに切り分ける
def getToken(s):
  s = s.strip()  # 文字列前後の空白文字を削除する。
  s = myutil.delSpace(s)   # 文字列中の空白文字を削除する。
  if DEBUG:
    print("getToken s=", s)
  tokens = []
  pos = 0
  lenstr = len(s)
  while pos < lenstr:
    c = s[pos]   # 現在の文字
    if pos == 0:
      c0 = '#'      # 1つ前の文字はない
    else:
      c0 = s[pos-1]  # 1つ前の文字
    if DEBUG:
      print("pos=", pos,"c='" + c +"'")
    pos += 1
    # 演算子
    if c == '+' or c == '*' or c == '/' or c == '=' or myutil.isParen(c):
      tokens.append(c)
      continue
    # 数値
    if c == '.' or c.isdigit() == True:
      tok = c
      if DEBUG:
        print("tok=", tok)
      while pos < lenstr:
```

98

```
        c1 = s[pos]
        if c1 != '.' and c1.isdigit() != True:
          break
        else:
          pos += 1
          tok = tok + c1
      tokens.append(tok)
    # 負の数値
    if c == '-' and (myutil.isOparator(c0) == True or \
                  c0 == '(' or c0 == '#'):
      tok = c
      if DEBUG:
        print("tok=", tok)
      while pos < lenstr:
        c1 = s[pos]
        if c1 != '.' and c1.isdigit() != True:
          break
        else:
          pos += 1
          tok = tok + c1
      tokens.append(tok)
    elif c == '-': # マイナス記号
      tokens.append(c)
      continue
    # シンボル
    if c.isalpha() == True:
      tok = c
      if DEBUG:
        print("tok=", tok)
      while pos < lenstr:
        c1 = s[pos]
        if c1.isalnum() == True:
          pos += 1
          tok = tok + c1
        else:
          break
      tokens.append(tok)

  return(tokens)
```

第5章 ラインインタープリタ

```python
#
def printToken(tok):
  print("Token List")
  print(tok)


# main
#tok = Token()
while True:
  line = input('->')  # プロンプトを出力して行を受け取る
  # 文字列前後の空白文字を削除する。
  line = line.strip()
  if DEBUG:
    print("line='" + line + "'")
  if len(line) == 0:  # 空行はエラーとみなさない
    continue
  if line == "disptoken" or line == "dt":
    disptoken = not disptoken
# 「printstack」か「ps」であれば現在のスタックの内容を出力する。
  if line == "printstack" or line == "ps":
    stack.print()
    continue
# 文字列が「quit」か「exit」であればループを抜ける。
  if line == "quit" or line == "exit" :
    break
# 「quit」か「exit」で大文字が含まれていればメッセージを出力する。
  if line.lower() == "exit" :
    print("もしかして'exit'ではないんかい？")
  if line.lower() == "quit":
    print("もしかして'quit'ではないんかい？")
  # 文字列をトークンに切り分ける
  tokens = getToken( line )
  printToken(tokens)
```

単純な式を調べてみましょう。

100

```
->-123
Token List
['-123']
->a=2+3
Token List
['a', '=', '2', '+', '3']
->abc=x-123
Token List
['abc', '=', 'x', '-', '123']
->12-(-123+y)
Token List
['12', '-', '(', '-123', '+', 'y', ')']
->a=-12*3
Token List
['a', '=', '-12', '*', '3']
```

　これを見ると、式の先頭から、きちんとトークンを切り分けて分類されていることがわかります。

　少し複雑な式を調べてみましょう（空白は意図的にランダムに入れています）。

```
->abc = 12 - ( -123 * y)
Token List
['abc', '=', '12', '-', '(', '-123', '*', 'y', ')']
->abc=-123 +(2 +5)*12+x*y
Token List
['abc', '=', '-123', '+', '(', '2', '+', '5', ')', '*', '12', '+', 'x', '*', 'y']
```

　この場合も、きちんとトークンに切り分けられていることがわかります。

第5章　ラインインタープリタ

gettoken.py で使うユーティリティーモジュール myutil.py は次のようにします。

リスト 5.2 ● myutil.py

```python
# myutil.py
# ch05のファイル
import sys


# スタックのクラス
class Stack:
  def __init__(self):
    self.stack = []
  def push(self, v): # スタックにデータを保存する
    self.stack.append(v)
  def pop(self):  # スタックからデータを取り出す
    try :
      result =  self.stack.pop() # 最後の要素
    except IndexError:
      print('スタックにデータがありません。')
      return
    return result
  def pop2(self):   # スタックから2個のデータを取り出す
    try:
      result1 = self.stack.pop() # 最後の要素
      result2 = self.stack.pop() # 最後から2番目の要素
    except IndexError:
      print('スタックにデータがありません。')
      return
    return [result1, result2]
  def print(self):   # スタックの内容を表示する
    l = len(self.stack)
    for i in range(l-1, -1, -1):
      if i == l-1:
        print('Stack[', self.stack[i], 'Top')
      elif i == 0:
        print('Stack[', self.stack[i], 'Bottom')
      else:
        print('Stack[', self.stack[i])
  def len(self):     # スタックの長さを返す。
```

102

```
      return len(self.stack)
  def clear(self):      # スタックをクリアする。
    self.stack.clear()


# コマンドライン引数の処理
def processargs(args, ver):
  # ファイル名と拡張子に分ける
  name , ext= args[0].split('.')
  # 引数に「-V」か「--version」が含まれていれば
  # バージョン情報を出力して終了する
  for s in args[1:]:
    if s == '-V' or s == '--version':
      print(name,'バージョン ', ver)
      sys.exit()    # このプログラムを終了する
    # 引数に「-H」か「-?」か「--help」が含まれていれば
    if s == '-H' or s == '-?' or s == '--help':
      # ファイル名と拡張子に分ける
      print(name, ':やさしいインタープリタの作り方入門参照')
      sys.exit()    # このプログラムを終了する


# 大文字小文字を区別しないで文字を比較する関数
def compareIgnCase(s1, s2):
  return (s1.lower() == s2.lower())


# 引数が演算子ならTrueを返す
def isOparator(s):
  if s == '+' or s == '-' or s == '*' or s == '/' or s == '=':
    return True
  else:
    return False


# 引数が「(」か「)」ならTrueを返す
def isParen(c):
  if c == '(' or c == ')':
    return True
  return False


# 引数が数値ならTrueを返す
def isNum(s):
```

第 5 章　ラインインタープリタ

```python
    try :
      v = float(s)
    except:
      return False
    # print("isNum(" + s + ")=" + str(v))  # debug
    return True


# 文字列中の空白文字を削除する
def delSpace(s):
 return s.replace(' ', '').replace('\t', '').replace('\n', '')

def syntaxError():
  print('シンタックスエラー')
```

5.3　ラインインタープリタの作成

いよいよ、1 行のコマンドやステートメントを入力すると、式の計算やコマンドを実行できるようにします。

◆ ラインインタープリタのプログラム

これから作成する 1 行入力するごとに式の計算やコマンドを実行するプログラム lineitpt では、これまでに作った gettoken やユーティリティー util5 のクラスや関数を使います。lineitpt プログラムを構成するファイルは表 5.2 のようになります。

表5.2●lineitptの構成ファイル

ファイル	内容
lineitpt.py	トークンを解釈して実行するメイン文字モジュール
gettoken.py	トークンを取得するためのモジュール
util5.py	ユーティリティークラスと関数のモジュール

5.3 ラインインタープリタの作成

◆ メインモジュール

　メインモジュールでは、最初にプログラムを使いやすくするために表 5.1「ラインインタープリタのコマンド」で示したコマンドを使えるようにします。

```
if line == "disptoken" or line == "dt":
  disptoken = not disptoken
  continue
# 「printstack」か「ps」であれば現在のスタックの内容を出力する。
if line == "printstack" or line == "ps":
  printstack = not printstack
  continue
# 「printvar」か「pv」であれば現在の変数表の内容を出力する。
if line == "printvar" or line == "pv":
  printvar()
  continue
# 文字列が「quit」か「exit」であればループを抜ける。
if line == "quit" or line == "exit" :
  break
# 「quit」か「exit」で大文字が含まれていればメッセージを出力する。
if line.lower() == "exit" :
  print("もしかして'exit'ではないんかい？")
if line.lower() == "quit":
  print("もしかして'quit'ではないんかい？")
```

　このうち、printvar はコマンドとして入力された printvarmap() を呼び出してその場でそのときの変数表の内容を出力するようにしましたが、disptoken と printstack はコマンドでオン／オフを切り替えるようにします。つまり、printstack が True であればインタープリット（解釈）しながら現在のスタックの内容を出力します。printstack が false であれば何も出力しません。同様に、disptoken が True であれば現在のトークンの内容を出力します。

　トークンを解釈して実行する部分は必要に応じて計算をしてスタックにトークンを保存するという作業の部分は、四則計算機のプログラム smplcalc2 と本質的に変わりません。

105

第 5 章　ラインインタープリタ

　追加した最も大きな部分は、変数表を作って管理する部分です。まず、変数表を保存する変数 varmap を Python の dict を使って宣言します。そして、変数名とその値を保存します。

```
>>> varmap = dict()        # 変数表を作る
>>> varmap['abc'] = 123    # 変数名と値を保存する
>>> varmap['cde'] = 99
>>> varmap                 # 変数名と値を表示する
{'abc': 123, 'cde': 99}
>>>
```

　辞書（dict）にキーと値がすでにある場合は、値が更新されます。

```
>>> varmap['abc'] = 321    # 既存の変数名の値を更新する
>>> varmap                 # 変数名と値を表示する
{'abc': 321, 'cde': 99}
>>>
```

　登録されていないキーが指定された場合は KeyError が報告されます。

```
>>> varmap['xyz']
Traceback (most recent call last):
  File "<stdin>", line 1, in <module>
KeyError: 'xyz'
```

　そこで次のようにします。

　最初に変数表として使う辞書（dict）を用意します。

```
# 変数表
varmap = dict()
```

5.3 ラインインタープリタの作成

これで変数を表に保存する準備ができました。

代入の場合は、辞書（dict）の値を代入するか更新します。

```
if ntok > 2 and tokens[1] == '=': # 代入
  varmap[tokens[0]] = evalequation(tokens[2:])
```

式の評価は次のようにします。

```
# 式を評価する
def evalequation(toks):
  for tok in toks:
    if util5.isNum(tok):
      evaltok(tok)
    else :  # 数値じゃない
      if util5.isParen(tok) == True or \
         util5.isOparator(tok) == True:
        evaltok(tok)
      else:    # 式の途中の変数
        try:
          tok = str(varmap[tok])
        except KeyError:
          print('変数' + tok + 'が定義されていません。')
          break
        evaltok(tok)
    if printstack:
      stack.print()
  return stack.pop()
```

式の途中に変数が出てきたときに「tok = str(varmap[tok])」で変数を検索して値を変数名と置き換えている点に注意してください。

そのほかの部分は、本質的にこれまで説明してきたものと同じです。

107

第5章 ラインインタープリタ

lineitpt.py 全体は次のようになります。

リスト 5.3 ● lineitpt.py

```
# lineitpt.py
import sys
import gettoken
import util5

DEBUG = False
NODEBUG = True
# グローバル変数
disptoken = False
printstack = False

# 変数表
varmap = dict()

# 変数表の内容を出力する。
def printvar():
  print (varmap)

# 引数の処理
util5.processargs(sys.argv, ver = "0.01")

# スタックからのデータと渡されたデータで演算を行う
#   v1, v2:数値
#   op :演算子
#   結果はスタックに積む
def operate(v1, v2, op):
  if DEBUG:
    print('v1=', v1, ' v2=', v2, ' op=', op)
  if op == '+': # 加算
    c = v1 + v2
  if op == '-': # 減算
    c = v1 - v2
  if op == '*': # 乗算
    c = v1 * v2
  if op == '/': # 除算
```

108

5.3　ラインインタープリタの作成

```python
    c = v1/ v2
  stack.push(c)
  print(c)

# 引数が演算子ならTrueを返す
def isOp(s):
  if s == '+' or s == '-' or s == '*' or s == '/':
    return True
  else:
    return False

# 引数が数値ならTrueを返す
def isNum(s):
  try :
    v = float(s)
  except (SyntaxError, ValueError):
    return False
  return True

# スタックを用意する
stack = util5.Stack()

# 右括弧')'の処理
def processRParen():
  n = stack.len()
  if DEBUG:
    print("processRParen():stack.len=", n)
    stack.print()
  if n < 2:
    print('シンタックスエラー')
    return
  top, top_1 = stack.pop2() # topは数値,top_1='('
  if stack.len() == 0:
    stack.push(top)
    return
  top_2 = stack.pop()
  if isOp(top_2):
    top_3 = stack.pop()
    v = float(top)
```

109

第5章 ラインインタープリタ

```python
      v1 = float(top_3)
      operate(v1, v, top_2)   # 演算する
    elif top_2 == '(':
      stack.push(top_2)
      stack.push(top)
    else:
      stack.print('シンタックスエラー')

# 左括弧'('の処理
def processLParen():
  if stack.len() > 0:
    top = stack.pop()
    if isOp(top) == False and top != '(':
      print('シンタックスエラー')
      return
    stack.push(top)
  v = stack.push( '(' )
  return 0

# 式を評価する
def evalequation(toks):
  for tok in toks:
    if util5.isNum(tok):
      evaltok(tok)
    else :  # 数値じゃない
      if util5.isParen(tok) == True or \
         util5.isOparator(tok) == True:
        evaltok(tok)
      else:   # 変数
        try:
          tok = str(varmap[tok])
        except KeyError:
          print('変数' + tok + 'が定義されていません。')
          break
        evaltok(tok)
    if printstack:
      stack.print()
  return stack.pop()
```

110

```python
# トークンを受け取って計算する
def evaltok(tok):
  if DEBUG:
    print("tok=", tok)

  # 文字列前後の空白文字を削除する。
  line = tok.strip()

  # (と)の処理
  if line == '(':
    processLParen()
    return
  if line == ')':
    processRParen()
    return

  # 演算子のときの処理
  if isOp(line):   # 演算子が入力された
    # スタックに保存します。このとき、スタックに数値がなければエラー
    if stack.len() < 1:
      print('シンタックスエラー')
      return
    # スタックを調べて、スタックの中の要素が1個以上ならば
    # スタックのトップは数値でなければならない。
    if stack.len() >= 1:
      s = stack.pop()
      if isNum(s) == True:
        stack.push( s )
        stack.push( line )
      else:
        print('シンタックスエラーです。')
      return

  # 数値が入力された場合の処理、
  if isNum(line):
    v = float(line)
    # スタックを調べて、スタックの中の要素が0個か
    if stack.len() == 0:
      # 数値なのでスタックに保存する
```

第 5 章　ラインインタープリタ

```
          stack.push( line )
          return
      top = stack.pop()
      # スタックトップに'('が保存されていて数値が入力された
      if top == '(':
        stack.push( top )
        stack.push( line )
        return
      # スタックに数値と演算子があれば、スタックの一番上の要素は演算子
      # その下の要素は演算数なので、入力された値とスタックの値と演算子で演算する。
      # それ以外ならエラーにします。
      if DEBUG:
        print('top=', top, ' line=', line)  # debug
      try :
        v1 = stack.pop()
      except (SyntaxError, ValueError):
        print('シンタックスエラーです。2')
        return
      if DEBUG:
        print('v1=', v1)  # debug
      try :
        v1 = float(v1)
      except (SyntaxError, ValueError):
        print('シンタックスエラー:数値に変換できません。')
        return
      operate(v1, v, top)  # 演算する
      return


  util5.syntaxError('')

# main
while True:
  line = input('->')  # プロンプトを出力して行を受け取る
  # 文字列前後の空白文字を削除する。
  line = line.strip()
  if DEBUG:
    print("line='" + line + "'")
  if len(line) == 0:  # 空行はエラーとみなさない
    continue
```

112

```python
    if line == "disptoken" or line == "dt":
      disptoken = not disptoken
      continue
# 「printstack」か「ps」であれば現在のスタックの内容を出力する。
    if line == "printstack" or line == "ps":
      printstack = not printstack
      continue
# 「printvar」か「pv」であれば現在の変数表の内容を出力する。
    if line == "printvar" or line == "pv":
      printvar()
      continue
# 文字列が「quit」か「exit」であればループを抜ける。
    if line == "quit" or line == "exit" :
      break
# 「quit」か「exit」で大文字が含まれていればメッセージを出力する。
    if line.lower() == "exit" :
      print("もしかして'exit'ではないんかい？")
    if line.lower() == "quit":
      print("もしかして'quit'ではないんかい？")
# 文字列をトークンに切り分ける
    tokens = gettoken.getToken( line )
    if DEBUG:
      gettoken.printToken(tokens)

# インタープリタ
    ntok = len(tokens)
    if disptoken:
        print ("tokens=", tokens)
    if ntok > 2 and tokens[1] == '=': # 代入
      varmap[tokens[0]] = evalequation(tokens[2:])
    elif tokens[0] == 'print':
      v =  evalequation(tokens[2:-1])    # printコマンド
      print (v)
    else:                               # 式
      v =  evalequation(tokens)
      print (v)
```

第 5 章　ラインインタープリタ

◆ トークン切り出しモジュール .... ◆

gettoken.py は lineitpt から呼び出すように少しだけ書き換えます。

リスト 5.4 ● gettoken.py

```python
# gettoken.py
import util5

DEBUG = False
NODEBUG = True

# トークンに切り分ける
def getToken(s):
  s = s.strip()  # 文字列前後の空白文字を削除する。
  s = util5.delSpace(s)  # 文字列中の空白文字を削除する。
  if DEBUG:
    print("getToken s=", s)
  tokens = []
  pos = 0
  lenstr = len(s)
  while pos < lenstr:
    c = s[pos]   # 現在の文字
    if pos == 0:
      c0 = '#'     # 1つ前の文字はない
    else:
      c0 = s[pos-1]  # 1つ前の文字
    if DEBUG:
      print("pos=", pos,"c='" + c +"'")
    pos += 1
    # 演算子
    if c == '+' or c == '*' or c == '/' or c == '=' or util5.isParen(c):
      tokens.append(c)
      continue
    # 数値
    if c == '.' or c.isdigit() == True:
      tok = c
      if DEBUG:
        print("tok=", tok)
```

114

5.3 ラインインタープリタの作成

```python
    while pos < lenstr:
      c1 = s[pos]
      if c1 != '.' and c1.isdigit() != True:
        break
      else:
        pos += 1
        tok = tok + c1
    tokens.append(tok)
# 負の数値
if c == '-' and (util5.isOparator(c0) == True or \
                c0 == '(' or c0 == '#'):
  tok = c
  if DEBUG:
    print("tok=", tok)
  while pos < lenstr:
    c1 = s[pos]
    if c1 != '.' and c1.isdigit() != True:
      break
    else:
      pos += 1
      tok = tok + c1
  tokens.append(tok)
elif c == '-': # マイナス記号
  tokens.append(c)
  continue
# シンボル
if c.isalpha() == True:
  tok = c
  if DEBUG:
    print("tok=", tok)
  while pos < lenstr:
    c1 = s[pos]
    if c1.isalnum() == True:
      pos += 1
      tok = tok + c1
    else:
      break
  tokens.append(tok)
```

第 5 章 ラインインタープリタ

```
  return(tokens)

# スタックの内容を出力する
def printToken(tok):
  print("Token List")
  print(tok)
```

プログラムを起動して計算を行ってみましょう。

```
->1*2+3
5
->print 1*2+3
5
```

単純な計算は問題ありません。

変数を使った計算は、たとえば、次のようになります。

```
->x = 12
->y=23
->z = x+y
->print(z)
35.0
->print ((x*2)+(y/2))
35.5
->a=5
->print ((a+3)*2)
16.0
```

正しい結果です。では、次の結果を見てください。

```
->print (1+2*3)
9.0
```

ほかのプログラミング言語であれば、「1+2*3」は「1+(2*3)」という計算が行われて結

116

果は 7.0 になるはずだと思うかもしれません。しかし、このプログラムでは四則演算の
演算子の優先順位を決めていないので（どの演算子も同じ優先順位なので）「1+2*3」は
「(1+2)*3」という計算が行われ、結果の 9 は正しいということになります。もちろん、
次のようにすれば期待した結果が得られます。

```
->print (1+(2*3))
7.0
```

◆ さらなる課題

　lineitpt プログラムはもちろん完璧なプログラムではありません。特に、ユーザーが
正しくない式やコマンドを入力したとき、「シンタックスエラー」と出力される場合もあ
りますし、想定されていないコードが入力されると例外が発生したり。正常に機能しな
い場合もあります。

　演算子の優先順位も考慮されていません。演算子の優先順位を設定し、優先順位が異
なる演算子を含む式があったら、優先順位の高い演算から行うようにしたいものです。
これを最も簡単に実現する方法は、式の評価に Python の eval() を使う方法です。

　制御構文もサポートしません。制御構文を導入するためには、プログラムの大幅な変
更が必要です。

　これらについては、読者の検討課題とします。

第 5 章　ラインインタープリタ

練 習 問 題

問題 5.1

「a=2+*3」のような式が入力されたときに、エラーであることを報告するようにしてください。

問題 5.2

コメントを使えるようにしてください。

第6章

インタープリタと言語の計画

実際的な面から見ると、インタープリタには数種類の作り方があります。ここでは、インタープリタの作り方の概要を学んだ後で、第6章で作成するインタープリタとその言語を規定します。

第 6 章　インタープリタと言語の計画

6.1　2種類のインタープリタ

インタープリタには、純粋なインタープリタとコンパイラ－インタープリタ型のインタープリタがあります。

◆ プログラム実行の際の問題

プログラミング言語の言語としての決まりを、プログラミング言語の文法といいます。文法の規模が大きくて複雑であれば、それだけさまざまな構造や流れのプログラムを、さまざまな方法で書くことができます。しかし、その結果、それをインタープリットしたりコンパイルするのは容易ではなくなります。

たとえば、call 文とそれによって呼び出されるサブルーチン（sub）がある、次の仮想プログラミング言語のプログラム例を見てみましょう（説明の都合上、空行を除く各行の先頭に行番号とコロン（:）を付けてあります）。

リスト 6.1 ●仮想プログラミング言語のプログラム例

```
1:a = 10
2:b = 20

3:call add (a, b)

4:print (total)

5:end

6:sub add(x, y)
7:  total = x + y
8:endsub
```

このプログラムは1行目から始まり、end で終わるものとします。ただし、call 文でサブルーチンを呼び出すので、コード行を実行するときの順序は、「1→2→3→6→7→8→4→5」となります。なお、変数はすべてグローバル変数

120

であるものとします。

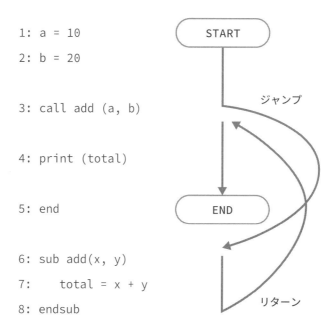

```
1: a = 10
2: b = 20
3: call add (a, b)
4: print (total)
5: end
6: sub add(x, y)
7:     total = x + y
8: endsub
```

図6.1 ● 仮想プログラミング言語のプログラム例の実行順序

　さて、このプログラムを先頭から読み込んで順次実行するものとしましょう。変数aとbへの代入は、第5章で学んだ変数表を使えば問題ありません。次に実行するのは「call add (a, b)」です。これはサブルーチンの呼び出しなので、これを実行するためには、「sub add(x, y)」の場所にジャンプしなければなりません。ところが、「このプログラムを先頭から読み込んで順次実行する」と仮定したので、次に読み込むべきプログラムコードは4行目の「print (total)」です。「print (total)」を読み込まないで「sub add(x, y)」を読み込んで実行することはできません。6行目の「sub add(x, y)」を実行するためには4行目の「print (total)」と5行目の「end」を読み捨てなければなりません。しかし、4行目5行目を読み捨ててしまうと、「print (total)」と「end」は実行されないことになります。

第 6 章　インタープリタと言語の計画

このような問題を解決する方法はいくつかあります。ここでは、次の 3 種類を取り上げます。

- マルチパス方式
- 純粋なインタープリタ
- コンパイラーインタープリタ

◆ マルチパス方式

まず考えられる方法は、「call add (a, b)」まで実行したら、「sub add(x, y)」があるまで読み飛ばして、「sub add(x, y)」を読み込んで最後まで実行した後で、再びプログラムを先頭から読み込んで、今度は「call add (a, b)」まで読み飛ばして、次の「print (total)」を実行するという方法です。

ソースプログラム全体を 1 回読み込んで全体を処理する（処理しないでよいところは読み飛ばしてとにかく最後まで読み取る）ことをパス（pass）といいますが、ソースプログラムを 2 回読み込んで処理するこのような方法は、2 パスの処理であるといいます。もし、2 回のパスで解決できないことがある場合はさらにパスを重ねます。このような処理をマルチパス方式といいます。

マルチパス方式は、そのときにできることを行い、できないことは後回しにして、必要なだけ何回でもソースプログラムを読み込むので、インタープリタやコンパイラのプログラムは単純になりますが、ソースプログラムを何度も読み込むために、ファイルアクセスに時間がかかります。

実用的なコンパイラでは、パスごとにそのパスで生成できるだけのプログラムコードを生成してファイルまたはメモリに保存するという方法が良く取られます。

◆ 純粋なインタープリタ

次に考えられる方法は、プログラムを先頭から読み込んでインタープリタ（またはコンパイラ）のメモリ上にプログラムコード行をすべて保存するという方法です。たとえば、プログラムを実行する前に Python のリスト（list）にプログラムコード行をすべて保存しておきます。

```
# ソースコードを保存するリストを宣言する
source = []    # 空のリスト

# ファイルを変数srcに読み込む
f = open(filename, encoding="utf-8")
src = f.readlines()
f.close()

# srcの中のコード行をリストに追加する。
for line in src:
  source.append(line)
```

これで、source にプログラムコードがすべて保存されます。

プログラムの最初の実行中に「call add (a, b)」に遭遇したらその行番号を覚えておいて（変数などに保存しておいて）から、「sub add(x, y)」を探して実行し、「endsub」を実行し終わったら先ほど覚えておいた行番号の次の行を実行します。これは、プログラムコードレベルで実行制御を追跡する方法なので、本書では純粋なインタープリタと呼びます。

純粋なインタープリタは、メモリ上にソースリストを保存するので、任意のプログラムコード行を探して実行することが容易にできます。また、前に実行したプログラムコードの行番号を覚えておいて戻ることも容易です。ただし、いくつかの問題点があります。

まず、実行するプログラムが大きければ大きいほどメモリを大量に消費します。現在一般に使われているシステムは十分なメモリを搭載している場合が多いのでこのことはあまり問題にはなりませんが、組み込みシステムのような小さなシステムではメモリの問題は常に考慮するべきことです。

第 6 章 インタープリタと言語の計画

　また、純粋なインタープリタの場合、次のようなネストした（入れ子になった）プログラムコードや再帰呼び出しというサブルーチンが自分自身を呼び出すプログラムコードのように、プログラムコードの構造が複雑になったり制御の流れが複雑になってくると、いま実行しているプログラムコードの追跡が難しくなります（特に再帰呼び出しの場合、現在、何回目の呼び出しであるのか判断するのが困難になります）。その結果、インタープリタそのもののデバッグが困難になるという傾向があります。

```
for i=0 to n
  for j=i to m
    for k=j to l
      x = x + i + j * k
    next k
  next j
next i

sub factor(n)
  if n <= 1 then
    return 1
  endif
  return n * factor(n-1)
endsub
```

　純粋なインタープリタは、プログラミング言語の設計を単純にした場合や、初心者がインタープリタを開発して自分で拡張しデバッグするようなときに適しています。
　本書の第 7 章では、この方法を使ってインタープリタを作成します。そのため、第 7 章のインタープリタでは、プログラムコードとそのデバッグが複雑になりすぎないように、文のネストや再帰呼び出しは考慮しません。

第 7 章のインタープリタでは、式の中の括弧のネストを可能にします。その方法を応用することで、文のネストや再帰呼び出しを実現することは可能です。ただし、デバッグには時間と労力が必要です。

◆ コンパイラ—インタープリタ

　最後の方法は、プログラムを読み込んでも、実際にはそのプログラムコードを実行しないで、実行するために必要な情報に変換するという方法です。つまり、最初の「a = 10」を読み込んだら、実際には代入を実行しないで、変数 a に値 10 を代入するということを何らかの方法で何らかの表現に変換してメモリに保存しておきます。この表現には一般的には「中間言語」（またはアセンブリ言語）という方法が使われます。同様に、「b = 20」以降も中間言語に変換して保存しておきます。さらに「call add (a, b)」を変換して保存しておきますが、このとき、call 文を中間言語に変換するときに「sub add(x, y)」にジャンプするように変換する必要があります。ところが、「sub add(x, y)」の場所がどこになるかは、まだわかりません（「sub add(x, y)」の行はまだ読み込んでいないので、「sub add(x, y)」を中間コードに変換したものが保存される場所はまだわかりません）。そこで、ジャンプする場所を仮に空欄にしておいて、次の「print (total)」と「end」を中間言語に変換します。さらに、「sub add(x, y)」を変換しますが、このとき、「sub add(x, y)」の場所（つまり「call add (a, b)」を実行したときにジャンプするべき場所）が決まりますので、先ほど空欄にしておいたところに、その場所の情報を入れます。前の場所に戻って埋めるこのような方法を「バックパッチ」と呼ぶことがあります。残りの「total = x + y」と「endsub」も中間言語に変換すると、実行するべき中間言語コード全体が完成します。

　実行するべき中間言語コード全体が完成したら、この中間言語のプログラムコードを先頭から順に実行しますが、このときは call 文のジャンプ先はすでに決まっているので、中間言語を実行する上でジャンプ先が問題にはなることはありません。このような方法は、ソースプログラムをいったん中間言語に変換（コンパイル）してから実行するので、「コンパイラ—インタープリタ」形式といいます。

　コンパイラ—インタープリタでは、変換規則やバックパッチの方法さえ決めてしまえば、単に順にコードを変換するという作業になるので、処理が単純になります。そのため、ネストや再帰を含む複雑なソースプログラムでも、比較的容易に扱うことができます。現在、インタープリタ言語であるとみなされて実際に使われているプログラミング言語の多くは、実はコンパイラ—インタープリタ方式で実行されるように作られています。

　コンパイラ—インタープリタ方式は、インタープリタの実装方法を理解してしまえば、

比較的容易に実装することができます。また、コンパイラの書籍に掲載されているコンパイラのプログラムやインターネット上で配布されているコンパイラのプログラムコードの中にも、実行可能コードを生成するのではなく、コンパイラ－インタープリタ方式で実装されているものが多くあります。

6.2 さまざまな定義

　厳密なことをいえば、1つのプログラミング言語を設計するときには、実に様々なことを決めなければなりません。それらは、プログラミング言語の設計やインタープリタの設計を意味しますが、ここでは、第7章で作成するインタープリタのために必要なさまざまなことを定義します。

プログラミング言語のさまざまな決まりをプログラミング言語の言語仕様と呼びますが、ここで設計する言語はとても単純なことと、後で拡張することを前提に検討するので「決まり」と呼びます。

◆ 名前の定義

　最初に必要不可欠なのはプログラミング言語の名前です。これは楽しい作業です。
　第7章で作成するインタープリタで使う言語の名前は、Anonymous Interpreter Language という名前にします。略せば AIL ですが、AIL はありがちな名前なので省略形は Ano 言語とし、ソースファイルの標準的な拡張子は ano にします。また、日本語など ASCII 文字以外の文字を含む場合のソースファイルのエンコーディングは UTF-8 であるものとし、第7章で作成するインタープリタの名前は anonymous にします。

ano 言語の最初のバージョンは、2009 年 3 月刊行の書籍「やさしいインタープリタの作り方」（ISBN978-4-87783-219-3）で公開しています。

読者は、自分のプログラミング言語を考えて、その名前も自由に考えてください。ただし、Programming Language を省略した PL とか、A、B、C などの単純な名前は、すでにほかの言語や著名な略語として使われていることがあるので、インターネットなどで、自分が考えた名前について調べてみる必要があります。

◆ インタープリタのコマンド

インタープリタのプロンプトに入力することができるコマンドは、基本的には第 5 章のラインインタープリタプログラムのコマンドを継承して、さらにいくつかのコマンドを追加することにします。

インタープリタ anonymous のコマンドを表 6.1 に示します。

表6.1●インタープリタのコマンド

コマンド	意味
disptoken	トークンを表示する。
dt	トークンを表示する。
exit	インタープリタを終了する。
help	コマンドを表示する。
list	読み込んであるソースファイルを表示する。
load name	ファイルname.anoを読み込む。
printstack	現在のスタックの内容を出力する。
printsub	現在のサブルーチン表の内容を出力する。
printvar	現在の変数表の内容を出力する。
ps	現在のサブルーチン表の内容を出力する。
pstack	現在のスタックの内容を出力する。
pv	現在の変数表の内容を出力する。
quit	インタープリタを終了する。
run	読み込んであるソースファイルを実行する。

基本的な ano プログラムの実行方法は、後で検討する決まりに従ってテキストファイル形式で作成した Ano 言語のソースプログラムを load コマンドで読み込んで、run コマンドで実行します。

◆ コメント記号の定義

行の先頭に「//」(スラッシュ2個)を付けたものは、Ano言語のソースファイルのコメントであるものとします。// の後は行末までコメントです。コメントは何もしないものとします。行の途中からのコメントはサポートしません。

◆ 演算子の定義

計算に使う演算子として、+、-、/、* を使うことにします。ただし、(と) で囲んだ式は先に計算されるようにし、(と) で囲んだ式をネストできるようにします。

さらに、制御構文で使う比較のための演算子、<、>、==、!= を定義します。== は演算子の左右の値が同じであるかどうか、!= は演算子の左右の値が異なるかどうか判断します。

等価を == にして不等価を != にしたのは好みの問題で、たとえば、等価を .EQ. にして .NE. にしてもかまいません。第7章のプログラムの内容を理解すれば、このような定義は容易に変更できます。

◆ データ型

データ型は実数型を基本とします。つまり、これまでのプログラムと同様に、整数も実数型として保存します。

加えて、Ano言語では文字列型もサポートしますが、「Hello anonymous」のような単純な文字列を出力するか、「x=nnn」の形式で文字列と数値を結合して出力できるようにします。文字列と数値を出力するときには、数値を文字列に変換して文字列と結合して文字列として出力します。

なお、第5章のプログラムで使った変数表を使う都合上、変数は原則としてグローバル変数であるものとします。

予約語

次のワードは予約されている予約語です。予約語は、プログラムの中で変数名やサブルーチン名として使うことはできません。

```
if、then、else、call、sub、endsub、result、print
```

条件分岐

Ano 言語では、if 文と for 文の 2 種類の制御構文をサポートします。

if 文は条件分岐の構文で、典型的には次の形式で使います。

```
if [条件式] then
    [条件式が真のとき実行するステートメント]
else
    [条件式が偽のとき実行するステートメント]
endif
```

条件式で使うことができる比較演算子として、次の演算子を定義します。

表6.2●比較演算子

演算子	解説
==	等価
!=	不等価
>	大なり（左辺の値が大きいときにTrue）
<	小なり（左辺の値が小さいときにTrue）

第6章 インタープリタと言語の計画

if 文の else は省略することができ、その場合は、次の形式で使います。

```
if [条件式] then
    [条件式が真のとき実行するステートメント]
endif
```

たとえば、a と b という変数があらかじめ定義されているものとして、次のような文を実行できるようにします。

```
if a > b then
  print ("大きいのはa=", a)
else
  print ("大きいのはb=", b)
endif
```

◆ 繰り返し

for 文は繰り返しのための構文で、次の形式で使います。

```
for [初期化式] to [ループの終了値]
    [繰り返し実行するステートメント]
next i
```

for 文の [初期化式] は、必ず i=0 のような変数に初期値を保存する代入文でなければならないものとします。たとえば、次のコードが有効です。

```
for i=0 to 5
  print("i×5=", i * 5)
next i
```

制御構文は、実装を単純にするために、ネストを許さないことにします。つまり、次のようなコードは実行できないことにします。

```
for i=0 to 3
  for j=0 to 3
    [ステートメント]
  next j
next i
```

◆ サブルーチン

Ano 言語は引数付きのサブルーチンの定義と定義したサブルーチンの呼び出しもサポートします。

サブルーチンは次の形式で記述することにします。

```
sub [サブルーチン名] ( [仮引数リスト] )
  [ステートメント]
  [result = value]
endsub
```

サブルーチンの中で別の名前を使えるようにするために、引数リストを指定できるようにしました。また、サブルーチンが値を返すときには result という名前の変数で返すことにします。

サブルーチンの呼び出しは call 文で行います。

```
    ⋮
call [サブルーチン名] ([実引数リスト])
    ⋮
```

なお、プログラムファイルの先頭から実行するので、サブルーチンはそれを呼び出す前におくようにする必要があります。つまり、プログラムの基本的な形式は次のようになります。

```
sub [サブルーチン名] ( [仮引数リスト] )
   [ステートメント]
endsub

[ステートメント]

call [サブルーチン名] ( [実引数リスト] )

[ステートメント]

end
```

実装を単純にするために、call もネストを許さないことにします。

◆ 日本語への対応

変数やサブルーチンの名前は予約語を使えないという決まりがあるだけなので、変数やサブルーチンの名前に日本語を使うこともできます。

```
// xja.ano
sub 加算(x, y)
  result = x + y
endsub

for i=1 to 5
  call 加算(i, 10)
  結果 = result
```

```
    print(結果)
next i

end
```

ただし、文字コードのチェックをしていないので、日本語の名前を常に使えることが保証されているわけではありません。

プログラムを変更することで、if、sub、call などの予約語や run、list などのコマンドを日本語に変更することもできます。さらに、== や > などの比較演算子と = のような代入演算子を日本語に置き換えることもできます。

インタープリタを改良してすべてを日本語化すると、次のようなプログラムを記述できるようになります。

```
サブルーチン 乗算(高さ, 幅)
   結果 = 高さ * 幅
サブルーチン終了

繰り返し カウンタ=1から5
   呼び出し 乗算(2, 10)
   面積 = 結果
   出力(面積)
次の繰り返し

プログラム終了
```

第6章　インタープリタと言語の計画

◆ ano プログラムの例 ◆

Ano 言語は、文の種類が少ない上にさまざまな条件があります。しかし、このような Ano 言語の決まりの中でも、たとえば、次のようなプログラムを作成することができます。

リスト 6.2 ● hello.ano

```
// hello.ano
print("Hello,ano")
end
```

上に示した Ano 言語のプログラムの例 sample.ano の実行結果は次のようになるはずです。

リスト 6.3 ● Ano プログラム sample の実行結果

```
->load hello
hello.anoをロードしました。
->run
"Hello,ano"
->
```

単純な加算と出力の Ano プログラムとして、たとえば次のようなプログラムを作ることができます。

```
// xa.ano
a=12+45   // 加算する
printvar  // 変数を表示する
print ("a=", a) // 出力する
end
```

このプログラムをロードして実行すると、最初に変数表が出力されて、それから加算した結果が出力されます。

```
->load xa
xa.anoをロードしました。
->run
--- Variables ---
{'a': 57.0}
a= 57.0
->
```

条件分岐の例として、たとえば次のようなプログラムを実行できます。

```
// xb.ano
a = 100 + 23
b = 156 - 59

if a > b then
  print ("大きいのはa=", a)
else
  print ("大きいのはb=", b)
endif


end
```

ループの例としては、たとえば次のようなプログラムを実行できます。

```
// xd.ano
for i=0 to 5
  print("i×5=", i * 5)
next i

print ("End!")
end
```

第6章　インタープリタと言語の計画

サブルーチン呼び出しの例としては、たとえば次のようなプログラムを実行できます。

```
// xe.ano
// サブルーチン
sub add(x, y)
    result = x + y
endsub

// メイン (main)
total=0
a=12

call add(a, 3)
total = result

print ("total=", total)

end
```

あるいは、これらを組み合わせた次のようなプログラムも記述して実行できます。

```
// xf.ano
total=0
a=12+45

sub add(x, y)
    result=x+y
endsub

if a != 0 then
  call add( a, 3)
  total = result
endif

print ("total=", total)

end
```

136

6.3 そのほかの検討事項

ここでは、プログラミング言語やインタープリタに関連するそのほかの問題について検討します。

◆ ファイルの形式

第5章までのプログラムでは、キーボードからの入力を直接受け取っていました。インタープリタ anonymous では、Ano 言語で記述された数行以上のプログラム行で構成されるプログラムファイルを読み込んで実行することができます。

複数の環境で、プログラムファイルを読み込んで実行できるようにするときには、文字エンコーディングと改行文字について考慮する必要があります。

本書に掲載する anonymous.py では UTF-8 のファイルを読み込むようにします。

```
f = open(filename, encoding="utf-8")
```

必要に応じてこの行の「encoding="utf-8"」の部分を変更することで読み込むファイルのエンコーディングに合わせることもできます。

◆ ソースプログラムの編集機能

過去のインタープリタの中には、インタープリタ自体にソースプログラムの編集コマンドが実装されているものがありました。確かに、インタープリタの中でソースプログラムを編集できると便利なように思えます。しかし、インタープリタに高度な編集機能を組み込むかどうかは慎重に検討する必要があります。その理由は、現在のマルチタスク環境では、複数のプログラムを同時に実行できるので、インタープリタに編集機能を組み込むよりも、別のテキスト編集プログラムを起動して編集を行うのが合理的であるといえるからです。

第 6 章　インタープリタと言語の計画

　Windows のメモ帳で Ano 言語のソースファイルを編集し、同時に、コマンドプロンプトでインタープリタ anonymous を起動してプログラムを実行している例を次の図に示します。

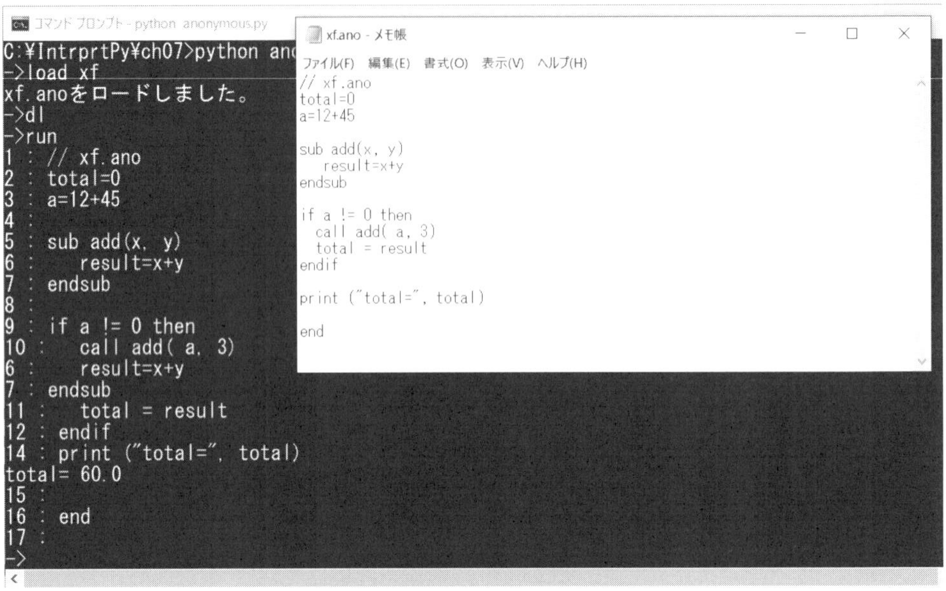

図6.2●プログラムの編集と実行

　もちろん、プログラムの学習用のアプリやゲーム機器用にインタープリタを開発するような場合は、ソースプログラムの編集コマンドを実装することも考えられます。

練習問題

練習問題

問題 6.1

広く使われているプログラミング言語を 1 つ選び、その言語にあるキーワードのうち、制御構文のキーワードを列挙してください。

問題 6.2

広く使われているプログラミング言語を 1 つ選び、その言語でビルトインサポートされているデータ型を列挙してください（独自に定義できる型を除きます）。

問題 6.3

インタープリタ anonymous に追加すると便利になると思われるコマンドを列挙してください。

問題 6.4

Ano 言語の決まりの範囲で書くことができるプログラムの例をいくつか作成してください。

第7章

インタープリタの開発

Ano 言語はシンプルな言語ですが、ある程度の規模のプログラムを記述して、インタープリタで実行することができます。ここでは、インタープリタ Anonymous を作成するために必要なことと、具体的なソースプログラムを説明します。

第 7 章　インタープリタの開発

7.1　Ano 言語の処理

インタープリタ Anonymous のコマンドに対する操作は、第 5 章の lineitpt.py と基本的な部分では同じです。ここでは、Ano 言語を処理する操作のうち、特に lineitpt.py から拡張された部分について説明します。

◆ ソースの取り扱い

Ano 言語のソースリストは、プログラムの起動時または load コマンドが実行されたときにファイルから読み込んで、source という名前のリストに保存します。

```python
# ソースコード
source = []    # 空のリスト

# ソースファイルを読み込む
def loadsource(line):
    (略)
  f = open(filename, encoding="utf-8")
  src = f.readlines()
  f.close()
  for i, line in enumerate(src):
    if line[len(line)-1] == '\n':
      src[i] = line[0:len(line)-1]    # 行末の\nを削除する
  source.clear()
  for line in src:
    source.append(line)     # リストに追加する
  return src
```

ソースリストをメモリ上に読み込んであるので、Ano 言語のソースの取扱いはとてもシンプルです。たとえば、list コマンドでソースリストを表示するコードは次のように単純なものです。

142

```
# ソースリストを表示する
def listsource():
  for line in source:
    print (line)
```

また、実行するコード行は、現在操作中の行番号を表すグローバル変数 nline で管理できます。

```
line = source[nline]
```

こうすることで、後で見ることになる制御構造でジャンプするときにも、nline または相当するテンポラリ変数の値をジャンプするコード行に変更するだけで済みます。

◆ トークンの取り扱い

メモリ上に読み込んだコード行は、解釈して実行する際にトークンに切り分けます。この操作は基本的にはこれまでの章で使ってきたものと変わりません。新たに追加される主な要素は、if 文で使われる等価演算子・比較演算子です。

```
while pos < lenstr:
  c = s[pos]    # 現在の文字
  pos += 1
  # 等価演算子
  if pos < lenstr:
    c1 = s[pos]
    cc = c + c1
    if cc == '==' or cc == '!=':
      pos += 1
      tokens.append(cc)
      continue
  # 比較演算子
  if c == '<' or c == '>':
    tokens.append(c)
    continue
```

第7章　インタープリタの開発

◆ 演算

演算についても第6章までに行ったものと同じです。したがって、演算子の優先順位は考慮しません。また、文字列を値として扱うことは行いません。そのため文字列の連結もサポートしません。

◆ 辞書とスタックの管理

このバージョンのプログラムでは、変数表とサブルーチンの場所を表す編集表、およびこれまで使ってきたものと同じスタックをグローバル変数として宣言しています。

```
# 変数表
varmap = dict()   # 空の辞書
# サブルーチンテーブル
submap = dict()   # 空の辞書
# スタックを用意する
stack = util7.Stack()
```

◆ if ステートメント

if ステートメントの実行では、最初のトークンの内容が「if」であれば、if ステートメントを処理する関数 ifstatement() を呼び出します。

```
# ifステートメント
if ntok > 2 and tokens[0] == "if":
  nline = ifstatement(tokens)
```

ifstatement() の中では、条件式を評価します。

```
def ifstatement(tokens):
  global nline
  ntok = len(tokens)
  eq1 = []    # 演算子左辺の式
```

144

```
eq2 = []    # 演算子右辺の式
eq2start = 0
for j in range(1, ntok-1): # 比較演算子の前までの式
  tok = tokens[j]
  if tok=='==' or tok=='!=' or tok=='>' or tok=='<':
    compop = tok     # 比較演算子
    eq2start = j + 1
    break
  else:
    eq1.append(tok)
for k in range(eq2start, ntok-1):
  eq2.append(tokens[k])
comp = False   # 比較の結果が真か偽か
eq1 = evalequation(eq1)
eq2 = evalequation(eq2)
eq1 = util7.toNum(eq1)
eq2 = util7.toNum(eq2)
if eq1 == eq2 and compop == '==':
  comp = True
if eq1 != eq2 and compop == '!=':
  comp = True
if eq1 > eq2 and compop == '>':
  comp = True
if eq1 < eq2 and compop == '<':
  comp = True
```

　そしてその結果に従って、else か endif があるまでコード行を実行するか、else から endif までにあるコードを実行します。

```
if comp == True:    # 条件式が真
  while True:        # elseかendifまで実行する
    line = source[nline]
    if Displine == True:
      print(nline + 1, ":" , line)
    line = line.strip()
    nline += 1
    if line[0:4] == "else" or line[0:5] == 'endif':
```

```
        nline += 1
        break
      # 文字列をトークンに切り分ける
      tokens = gettoken.getToken( line )
      ntok = len(tokens)
      # サブルーチンの呼び出し
      if ntok > 2 and tokens[0] == "call":
        callsub(tokens)
        continue
      processline(line)      # コード実行
    if line[0:5] != 'endif':
      while True:       # elseからendifまで飛ばす
        line = source[nline]
        line = line.strip()
        nline += 1
        if line[0:5] == 'endif':
          nline += 1
          break
else:  # 条件式が偽
  line = source[nline]
  line = line.strip()
  while True: # elseまで読み飛ばす
    line = source[nline]
    line = line.strip()
    nline += 1
    if line[0:4] == "else":
      break
  while True: # elseからendifまで実行する
    line = source[nline]
    if Displine == True:
      print(nline + 1, ":" , line)
    nline += 1
    if line[0:5] == 'endif':
      break
    # 文字列をトークンに切り分ける
    tokens = gettoken.getToken( line )
    ntok = len(tokens)
    # サブルーチンの呼び出し
    if ntok > 2 and tokens[0] == "call":
```

```
            callsub(tokens)
            continue
        processline(line)
    return nline
```

◆ for ステートメント

for ステートメントの実行では、最初のトークンの内容が「for」であれば、for ステートメントを処理する関数 forstatement() を呼び出します。

```
# forステートメント
if ntok > 2 and tokens[0] == "for":
  # nline = forstatement(tokens, nline)
  nline = forstatement(tokens)
```

for ループを実行するためには、繰り返しの初期条件 startv と終了条件 endv を調べた後で、終了条件を満たすまで for 文から next 文の間にあるステートメントの実行を繰り返します。

```
def forstatement(tokens):
  ntok = len(tokens)
  countervar = tokens[1]
  startv= []
  pos = 3
  # 'to'の前までがループの初期値
  while tokens[pos] != 'to':
    startv.append(tokens[pos])
    pos += 1
  startv = evalequation(startv)
  startv = util7.toInt(startv)
  pos += 1
  # to 以降の式の評価
  varmap[countervar] = startv # カウンタ変数
  endv = evalequation(tokens[pos:])
```

第7章 インタープリタの開発

```
    endv = util7.toInt(endv)
    for i in range(startv, endv+1):
      tnline = nline
      linecount = 0
      for j in range(0,9):# while True:の代わりに有限で終了
        line = source[tnline]
        tnline += 1
        linecount += 1
        if line[0:4] == 'next':
          break
        # 文字列をトークンに切り分ける
        tokens = gettoken.getToken( line )
        ntok = len(tokens)
        # サブルーチンの呼び出し
        if ntok > 2 and tokens[0] == "call":
          callsub(tokens)
          continue
        processline(line)        # コード実行
      varmap[countervar] = util7.toNum(varmap[countervar]) + 1
    return nline + linecount + 1
```

　ano 言語の決まりでは for ループの繰り返し回数に制限はありませんが、while True の代わりに次のコードで有限の回数で終了させている点に注意してください。

```
for j in range(0,9):
```

　これはプログラム開発時にコードにエラーがあっても無限ループに陥らないようにするための工夫です。

◆ Call ステートメント

　call ステートメントでサブルーチンを呼び出すには、サブルーチン名とそのサブルーチンがある位置（行数）を保存しておくサブルーチンテーブルをあらかじめ作成しておく必要があります。

148

```python
# サブルーチンテーブルの作成
if ntok > 2 and tokens[0] == "sub":
  submap[tokens[1]] = nline
  # endsubまで読み飛ばす
  for i in range(1,10):
    line = source[nline]
    if Displine == True:
      print(nline+1, ":", line)
    nline += 1
    tokens = gettoken.getToken( line )
    if tokens[0] == 'endsub':
      break
  continue
```

　サブルーチンを呼び出すためには、最初のトークンの内容が「call」であれば、call
ステートメントを処理する関数 callsub() を呼び出します。

```python
# サブルーチンの呼び出し
if ntok > 2 and tokens[0] == "call":
  callsub(tokens)
  continue
```

　call ステートメントを実行するときには、sub の次の行から endsub までの行を実行し
ます。
　call ステートメントを実行するためのコードは、次のようになります。

```python
def callsub(tokens):
  global nline
  retline = nline
  subtokens = []
  # 引数の(から)までをsubtokensに保存する
  for j in range(1, len(tokens)):
    subtokens.append(tokens[j])
    if tokens[j] == ')':
      break
```

第7章　インタープリタの開発

```
  i = j + 1
  if DEBUG:
    print("in callsub() subtokens=", subtokens)
  execsub(subtokens)
  nline = retline
```

ポイントは、サブルーチン呼び出しから戻るときのリターンアドレス（行番号）を変数 retline に保存しておくという点です。

7.2　インタープリタのソースリスト

ここでは、インタープリタ Anonymous を構成するソースプログラムのリストをまとめて掲載します。

◆ メインモジュール ···◆

関数 main() があるメインモジュールは、基本的にはこれまでの章で説明したことに制御構造のためのコードを追加したものになります。

リスト 7.1 ● anonymous.py

```python
# anonymous.py
import sys
import gettoken
import util7

DEBUG = False
# グローバル変数
Displine = False
Disptoken = False
Printstack = False
nline = 0    # 現在処理中のコード行数
```

7.2 インタープリタのソースリスト

```python
# ソースコード
source = []     # 空のリスト
# 変数表
varmap = dict()   # 空の辞書
# サブルーチンテーブル
submap = dict()   # 空の辞書
# スタックを用意する
stack = util7.Stack()

# 変数表の内容を出力する。
def printvar():
  print('--- Variables ---')
  print (varmap)

# サブルーチン表の内容を出力する。
def printsub():
  print('--- Subroutines ---')
  print (submap)

def printhelp():
  print("load name     ... ファイルname.anoを読み込む。")
  print("list          ... 読み込んであるソースファイルを表示する。")
  print("disptoken,dt ... トークンを表示する。")
  print("printstack    ... 現在のスタックの内容を出力する。")
  print("pstack        ... 現在のスタックの内容を出力する。")
  print("printvar,pv ... 現在の変数表の内容を出力する。")
  print("printsub,ps ... 現在のサブルーチン表の内容を出力する。")
  print("help          ... コマンドを表示する。")
  print("quit,exit    ... インタープリタを終了する。")
  print("run           ... 読み込んであるソースファイルを実行する。 ")

# sが変数表に登録されていればTrue
def isVar(s):
  try:
    x = varmap[s]
  except KeyError:
    return False
  return True
```

151

第 7 章　インタープリタの開発

```python
# sがサブルーチンテーブルに登録されていればTrue
# 使わない（プログラムを拡張したり改良したりするとき用）
def isSub(s):
  try:
    x = submap[s]
  except KeyError:
    return False
  return True


# ソースファイルを読み込む
def loadsource(line):
  filename = line[5:]
  if len(filename) < 5 or filename[-4:] != '.ano':
    filename = filename + '.ano'
  try:
    # 必要に応じて読み込むファイルのエンコーディングに合わせる
    f = open(filename, encoding="utf-8")
    src = f.readlines()
    f.close()
  except:
    print('ファイル' + filename + 'を読み込めません。')
    return
  print(filename + "をロードしました。")
  varmap.clear()
  submap.clear()
  stack.clear()
  for i, line in enumerate(src):
    if line[len(line)-1] == '\n':
      src[i] = line[0:len(line)-1]   # 行末の\nを削除する
  source.clear()
  for line in src:
    source.append(line)
  return src


# ソースリストを表示する
def listsource():
  for line in source:
    print (line)
```

152

7.2 インタープリタのソースリスト

```python
# スタックからのデータと渡されたデータで演算を行う
#    v1, v2:数値
#    op :演算子
#    結果はスタックに積む
def operate(v1, v2, op):
  if op == '+': # 加算
    c = v1 + v2
  if op == '-': # 減算
    c = v1 - v2
  if op == '*': # 乗算
    c = v1 * v2
  if op == '/': # 除算
    c = v1/ v2
  stack.push(c)


# 右括弧')'の処理
def processRParen():
  n = stack.len()
  if n < 2:
    util7.syntaxError(util7.location())
    return
  top, top_1 = stack.pop2() # topは数値,top_1='('
  if stack.len() == 0:
    stack.push(top)
    return
  top_2 = stack.pop()
  if util7.isOparator(top_2):
    top_3 = stack.pop()
    v = float(top)
    v1 = float(top_3)
    operate(v1, v, top_2)   # 演算する
  elif top_2 == '(':
    stack.push(top_2)
    stack.push(top)
  else:
    util7.syntaxError(util7.location())


# 左括弧'('の処理
def processLParen():
```

153

第 7 章　インタープリタの開発

```python
    if stack.len() > 0:
      top = stack.pop()
      if util7.isOparator(top) == False and top != '(':
        util7.syntaxError(util7.location())
        return
      stack.push(top)
    v = stack.push( '(' )
    return 0

# 式を評価する
def evalequation(toks):
  for i, tok in enumerate(toks):
    tok = toks[i]
    if util7.isNum(tok):
      evaltok(tok)
    else :  # 数値じゃない
      if util7.isParen(tok) == True or \
         util7.isOparator(tok) == True:
        evaltok(tok)
      else:   # 式の変数
        if isVar(tok):
          try:
            tok = str(varmap[tok])
          except KeyError:
            print('変数' + tok + 'が定義されていません。')
            break
          evaltok(tok)
    if Printstack:
      stack.print()
  return stack.pop()

# トークンを受け取って計算する
def evaltok(tok):
  # 文字列前後の空白文字を削除する。
  line = tok.strip()

  # (と)の処理
  if line == '(':
    processLParen()
```

154

```
      return
  if line == ')':
    processRParen()
    return


  # 演算子のときの処理
  if util7.isOparator(line):  # 演算子が入力された
    # スタックに保存します。このとき、スタックに数値がなければエラー
    if stack.len() < 1:
      print('シンタックスエラー')
      return
    # スタックを調べて、スタックの中の要素が1個以上ならば
    # スタックのトップは数値でなければならない。
    if stack.len() >= 1:
      s = stack.pop()
      if util7.isNum(s) == True:
        stack.push( s )
        stack.push( line )
      else:
        util7.syntaxError(util7.location(), '')
    return


  # 数値が入力された場合の処理、
  if util7.isNum(line):
    v = float(line)
    # スタックを調べて、スタックの中の要素が0個か
    if stack.len() == 0:
      # 数値なのでスタックに保存する
      stack.push( line )
      return
      stack.print()
    top = stack.pop()
    # スタックトップに'('が保存されていて数値が入力された
    if top == '(':
      stack.push( top )
      stack.push( line )
      return
    # スタックに数値と演算子があれば、スタックの一番上の要素は演算子
    # その下の要素は演算数なので、入力された値とスタックの値と演算子で演算する。
```

第7章 インタープリタの開発

```python
    # それ以外ならエラーにします。
    try :
      v1 = stack.pop()
    except (SyntaxError, ValueError):
      print('シンタックスエラーです。')
      return
    try :
      v1 = float(v1)
    except (SyntaxError, ValueError):
      print('シンタックスエラー:数値に変換できません。')
      return
    operate(v1, v, top)   # 演算する
    return

  util7.syntaxError(util7.location(), '')

def processline(line):
  line = line.strip()
  cmnt = line.find('//')
  if cmnt == 0:     # 行頭がコメント記号なら無視する
    return
  if cmnt > 1:     # コメント記号以降を削除する
    line = line[:cmnt]
  if DEBUG:
    print("Top of Processline() line='" + line + "'")
  if len(line) < 1:  # 空行ならリターンする
    return
  # 文字列をトークンに切り分ける
  tokens = gettoken.getToken( line )
  if DEBUG:
    gettoken.printToken(tokens)

  # インタープリタ
  ntok = len(tokens)
  if tokens[0] == 'printvar':
    printvar()
    return
  if line == 'end':
    return
```

156

```
      if Disptoken:
        print ("tokens=", tokens)
      if ntok > 2 and tokens[1] == '=': # 代入
        varmap[tokens[0]] = evalequation(tokens[2:])
        return
      elif tokens[0] == 'print':    # printコマンド
        if ntok > 1:
          text = tokens[2]
          if text[0] == '"' or text[0] == "'" :
            if ntok < 5:
              print (text)
            else:
              text = text[1:-1]
              print (text, evalequation(tokens[4:-1]))
            return
          else:
            print (evalequation(tokens[2:-1]))
      else:                         # 式
        v = evalequation(tokens)


# if ステートメント
def ifstatement(tokens):
  if DEBUG:
    print('Top of ifstatement() tokens=', tokens)
  global nline
  ntok = len(tokens)
  eq1 = []    # 演算子左辺の式
  eq2 = []    # 演算子右辺の式
  eq2start = 0
  for j in range(1, ntok-1): # 比較演算子の前までの式
    tok = tokens[j]
    if DEBUG:
      print ("j=",j, "tok=", tok)
    if tok=='==' or tok=='!=' or tok=='>' or tok=='<':
      compop = tok    # 比較演算子
      eq2start = j + 1
      break
    else:
      eq1.append(tok)
```

```
第7章　インタープリタの開発

    for k in range(eq2start, ntok-1):
      eq2.append(tokens[k])
    comp = False    # 比較の結果が真か偽か
    if DEBUG:
      print("compop=", compop, "comp=", comp, "eq1=", eq1, "eq2=", eq2)
    eq1 = evalequation(eq1)
    eq2 = evalequation(eq2)
    if DEBUG:
      print("eq1=", eq1, "eq2=", eq2)
    eq1 = util7.toNum(eq1)
    eq2 = util7.toNum(eq2)
    if eq1 == eq2 and compop == '==':
      comp = True
    if eq1 != eq2 and compop == '!=':
      comp = True
    if eq1 > eq2 and compop == '>':
      comp = True
    if eq1 < eq2 and compop == '<':
      comp = True
    if comp == True:  # 条件式が真
      while True:        # elseかendifまで実行する
        line = source[nline]
        if Displine == True:
          print(nline + 1, ":" , line)
        line = line.strip()
        nline += 1
        if line[0:4] == "else" or line[0:5] == 'endif':
          nline += 1
          break
        # 文字列をトークンに切り分ける
        tokens = gettoken.getToken( line )
        ntok = len(tokens)
        # サブルーチンの呼び出し
        if ntok > 2 and tokens[0] == "call":
          callsub(tokens)
          continue
        processline(line)        # コード実行
      if line[0:5] != 'endif':
        while True:        # elseからendifまで飛ばす
```

158

7.2 インタープリタのソースリスト

```python
        line = source[nline]
        line = line.strip()
        nline += 1
        if line[0:5] == 'endif':
          nline += 1
          break
  else:  # 条件式が偽
    line = source[nline]
    line = line.strip()
    while True: # elseまで読み飛ばす
      line = source[nline]
      line = line.strip()
      nline += 1
      if line[0:4] == "else":
        break
    while True: # elseからendifまで実行する
      line = source[nline]
      if Displine == True:
        print(nline + 1, ":" , line)
      nline += 1
      if line[0:5] == 'endif':
        break
      # 文字列をトークンに切り分ける
      tokens = gettoken.getToken( line )
      ntok = len(tokens)
      # サブルーチンの呼び出し
      if ntok > 2 and tokens[0] == "call":
        callsub(tokens)
        continue
      processline(line)
  return nline


# for ステートメント
# for countervar=startv to endv
def forstatement(tokens):
  ntok = len(tokens)
  countervar = tokens[1]
  startv= []
  pos = 3
```

159

第 7 章　インタープリタの開発

```python
  # 'to'の前までがループの初期値
  while tokens[pos] != 'to':
    startv.append(tokens[pos])
    pos += 1
  startv = evalequation(startv)
  startv = util7.toInt(startv)
  pos += 1
  # to 以降の式の評価
  varmap[countervar] = startv # カウンタ変数
  endv = evalequation(tokens[pos:])
  endv = util7.toInt(endv)
  for i in range(startv, endv+1):
    tnline = nline
    linecount = 0
    for j in range(0,9):# while True:の代わりに有限で終了
      line = source[tnline]
      tnline += 1
      linecount += 1
      if line[0:4] == 'next':
        break
      # 文字列をトークンに切り分ける
      tokens = gettoken.getToken( line )
      ntok = len(tokens)
      if DEBUG:
        print("ntok=", ntok, "tokens=", tokens)
      # サブルーチンの呼び出し
      if ntok > 2 and tokens[0] == "call":
        callsub(tokens)
        continue
      processline(line)       # コード実行
    varmap[countervar] = util7.toNum(varmap[countervar]) + 1
  return nline + linecount + 1


# サブルーチンの実行（呼び出し）
# 結果をresultに保存する
def execsub(toks):
  if DEBUG:
    print('Top of execsub() toks=', toks)
  global nline
```

160

```
tnline = nline
returnline = nline + 1
paramslist = []
subname = toks[0]
params = toks[2:]
# 実引数
for i, tok in enumerate(toks[2:]):
  if util7.isParen(tok) or tok == ',':
    continue
  paramslist.append(tok)
# サブルーチンを探す
for n, line in enumerate(source):
  toks = gettoken.getToken( line )
  if len(toks) > 1:
    if toks[0] == 'sub' and toks[1] == subname:
      tnline = n
      break
line = source[tnline]
tnline += 1    # tnline=サブルーチンの先頭(start=0)
tokens = gettoken.getToken( line )
# 仮引数
i = 0
for tok in tokens:
  if util7.isParen(tok) or tok == ',':
    continue
  if tok == 'sub':
    submap[subname] = tnline
    continue
  if tok == subname:
    continue
  param = paramslist[i-1]
  if util7.isNum(param) == False:
    varmap[subname + '_' + tok] = varmap[param]
  else:
    varmap[subname + '_' + tok] = param
  i += 1
# tnlineからendsubまで実行する
for i in range(1,10):
  line = source[tnline]
```

第 7 章　インタープリタの開発

```
    if Displine == True:
      print(tnline+1, ":" , line)
    tnline += 1
    tokens = gettoken.getToken( line )
    if tokens[0] == 'endsub':
      break
    # 変数名ならsubnameを付加して式を作る
    line = ""
    for j, tok in enumerate(tokens):
      if util7.isNum(tok) == True or util7.isParen(tok) == True \
        or util7.isOparator(tok) == True or tok == '=' \
        or tok == ',' or tok == 'print' or tok[0] == '"':
        line += tok
      else:   # サブルーチン内の変数
        if tok != 'result':
          line += subname + '_' + tok
        else:
          line += tok
    if DEBUG:
      print("processline() line=", line)
    processline(line)
  return returnline

def callsub(tokens):
  global nline
  retline = nline
  subtokens = []
  # 引数の(から)までをsubtokensに保存する
  for j in range(1, len(tokens)):
    subtokens.append(tokens[j])
    if tokens[j] == ')':
      break
  i = j + 1
  if DEBUG:
    print("in callsub() subtokens=", subtokens)
  execsub(subtokens)
  nline = retline

# main
```

162

7.2 インタープリタのソースリスト

```python
def main():
  # 引数の処理
  util7.processargs(sys.argv, ver = "0.01")

  while True:
    line = input('->')   # プロンプトを出力して行を受け取る
    # 文字列前後の空白文字を削除する。
    line = line.strip()
    cmnt = line.find('//')
    if cmnt == 0:     # 行頭がコメント記号なら無視する
      continue
    if cmnt > 1:     # コメント記号以降を削除する
      line = line[cmnt+1:]
    if DEBUG:
      print("line='" + line + "'")
    if len(line) == 0:  # 空行はエラーとみなさない
      continue
    # 「load」であればファイルを読み込む。
    if line[:4] == "load":
      if len(line)<6:
        print ('ファイル名を指定してください。')
        continue
      source = loadsource(line)
      continue
    # 「list」であればソースファイルを表示する。
    if line == "list":
      listsource()
      continue
    if line == "displine" or line == "dl":
      global Displine
      Displine = not Displine
      continue
    if line == "disptoken" or line == "dt":
      global Disptoken
      Disptoken = not Disptoken
      continue
    # 「printstack」か「pstack」であれば現在のスタックの内容を出力する。
    if line == "printstack" or line == "pstack":
      global Printstack
```

163

第7章　インタープリタの開発

```python
    Printstack = not Printstack
    continue
# 「printvar」か「pv」であれば現在の変数表の内容を出力する。
if line == "printvar" or line == "pv":
    printvar()
    continue
# 「printsub」か「ps」であれば現在のサブルーチン表の内容を出力する。
if line == "printsub" or line == "ps":
    printsub()
    continue
# 「help」であればコマンドを表示する。
if line == "help":
    printhelp()
    continue
# 文字列が「quit」か「exit」であればループを抜ける。
if line == "quit" or line == "exit" :
    break
# 「quit」か「exit」で大文字が含まれていればメッセージを出力する。
if line.lower() == "exit" :
    print("もしかして'exit'ではないんかい？")
if line.lower() == "quit":
    print("もしかして'quit'ではないんかい？")

if line == 'run':
    global nline
    nline = 0
    while nline < len(source):
        line = source[nline]
        if Displine == True:
            print(nline+1, ":", line)
        nline += 1
        line = line.strip()
        cmnt = line.find('//')
        if cmnt == 0:     # 行頭がコメント記号なら無視する
            continue
        if cmnt > 1:      # コメント記号以降を削除する
            line = line[:cmnt]
        if DEBUG:
            print("line='" + line + "'")
```

164

7.2 インタープリタのソースリスト

```python
      # 文字列をトークンに切り分ける
      tokens = gettoken.getToken( line )
      ntok = len(tokens)
      if DEBUG:
        print("ntok=", ntok, "tokens", tokens)
      # ifステートメント
      if ntok > 2 and tokens[0] == "if":
        # nline = ifstatement(tokens, nline)
        nline = ifstatement(tokens)
        continue
      # forステートメント
      if ntok > 2 and tokens[0] == "for":
        # nline = forstatement(tokens, nline)
        nline = forstatement(tokens)
        continue
      # サブルーチンテーブルの作成
      if ntok > 2 and tokens[0] == "sub":
        submap[tokens[1]] = nline
        # endsubまで読み飛ばす
        for i in range(1,10):
          line = source[nline]
          if Displine == True:
            print(nline+1, ":", line)
          nline += 1
          tokens = gettoken.getToken( line )
          if tokens[0] == 'endsub':
            break
        continue
      # サブルーチンの呼び出し
      if ntok > 2 and tokens[0] == "call":
        callsub(tokens)
        continue

      processline(line)

if __name__ == "__main__":
  main()
```

第7章　インタープリタの開発

◆ トークンの取得と管理 ···◆

トークンを扱う方法は、第5章の lineitpt.py と本質的に変わりません。

リスト 7.2 ● gettoken.py

```python
# gettoken.py
import util7

DEBUG = False
NODEBUG = True

# トークンに切り分ける
def getToken(s):
  s = s.strip()  # 文字列前後の空白文字を削除する。

  if DEBUG:
    print("getToken s=", s)
  tokens = []
  pos = 0
  lenstr = len(s)
  while pos < lenstr:
    c = s[pos]    # 現在の文字
    if pos == 0:
      c0 = '#'      # 1つ前の文字はない
    else:
      c0 = s[pos-1]  # 1つ前の文字
    if DEBUG:
      print("pos=", pos,"c='" + c +"'")
    pos += 1
    # 等価演算子
    if pos < lenstr:
      c1 = s[pos]
      cc = c + c1
      if cc == '==' or cc == '!=':
        pos += 1
        tokens.append(cc)
        continue
    # 比較演算子
```

166

7.2 インタープリタのソースリスト

```python
if c == '<' or c == '>':
  tokens.append(c)
  continue
# 演算子
if c == '+' or c == '*' or c == '/' or c == '=':
  tokens.append(c)
  continue
# カンマか括弧
if c == ',' or util7.isParen(c):
  tokens.append(c)
  continue
# キーワード
if DEBUG:
  print ("pos=", pos, "s=", s)
if pos+1 < len(s) and s[pos-1:pos+1] == 'if':
  if DEBUG:
    print ("s[pos-1:pos+1]=", s[pos-1:pos+1])
  tokens.append('if')
  pos += 2
  continue
# 文字列リテラル
if util7.isQuotation(c):
  tok = c
  while pos < lenstr:
    c1 = s[pos]
    if c1 == c:
      tok = tok + c1
      pos += 1
      break
    else:
      pos += 1
      tok = tok + c1
  tokens.append(tok)
  continue
# 数値
if c == '.' or c.isdigit() == True:
  tok = c
  if DEBUG:
    print("tok=", tok)
```

167

第 7 章　インタープリタの開発

```python
        while pos < lenstr:
          c1 = s[pos]
          if c1 != '.' and c1.isdigit() != True:
            break
          else:
            pos += 1
            tok = tok + c1
        tokens.append(tok)
        continue
      # 負の数値
      if c == '-' and (util7.isOparator(c0) == True or \
                    c0 == '(' or c0 == '#'):
        tok = c
        if DEBUG:
          print("tok=", tok)
        while pos < lenstr:
          c1 = s[pos]
          if c1 != '.' and c1.isdigit() != True:
            break
          else:
            pos += 1
            tok = tok + c1
        tokens.append(tok)
      elif c == '-': # マイナス記号
        tokens.append(c)
        continue
      # シンボル
      if c.isalpha() == True or c == '_':
        tok = c
        if DEBUG:
          print("tok=", tok)
        while pos < lenstr:
          c1 = s[pos]
          if c1.isalnum() == True or c1 == '_':
            pos += 1
            tok = tok + c1
          else:
            break
        tokens.append(tok)
```

168

7.2　インタープリタのソースリスト

```
    return(tokens)

# スタックの内容を出力する
def printToken(tok):
  print("Token List")
  print(tok)
```

◆ 支援関数

　支援関数（ユーティリティー）のモジュールも、これまでに使ってきたものにいくらか追加・変更しただけです。ただし、名前を util7.py に変更しています。

リスト 7.3 ● util7.py

```
# util7.py
import sys
import inspect
import os

# スタックのクラス
class Stack:
  def __init__(self):
    self.stack = []
  def push(self, v): # スタックにデータを保存する
    self.stack.append(v)
  def pop(self):  # スタックからデータを取り出す
    try :
      result =  self.stack.pop() # 最後の要素
    except IndexError:
      print('pop():スタックにデータがありません。')
      return
    return result
  def pop2(self):   # スタックから2個のデータを取り出す
    try:
      result1 = self.stack.pop() # 最後の要素
```

169

```
        result2 = self.stack.pop() # 最後から2番目の要素
      except IndexError:
        print('pop2():スタックにデータがありません。')
        return
      return [result1, result2]
  def print(self):    # スタックの内容を表示する
    l = len(self.stack)
    if l< 1:
      print("スタックは空です。")
      return
    for i in range(l-1, -1, -1):
      if i == l-1:
        print('Stack[', self.stack[i], 'Top')
      elif i == 0:
        print('Stack[', self.stack[i], 'Bottom')
      else:
        print('Stack[', self.stack[i])
  def len(self):      # スタックの長さを返す。
    return len(self.stack)
  def clear(self):      # スタックをクリアする。
    self.stack.clear()


# コマンドライン引数の処理
def processargs(args, ver):
  # ファイル名と拡張子に分ける
  name , ext= args[0].split('.')
  # 引数に「-V」か「--version」が含まれていれば
  # バージョン情報を出力して終了する
  for s in args[1:]:
    if s == '-V' or s == '--version':
      print(name,'バージョン ', ver)
      sys.exit()    # このプログラムを終了する
    # 引数に「-H」か「-?」か「--help」が含まれていれば
    if s == '-H' or s == '-?' or s == '--help':
      # ファイル名と拡張子に分ける
      print(name, ':やさしいインタープリタの作り方入門参照')
      sys.exit()    # このプログラムを終了する

# 大文字小文字を区別しないで文字を比較する関数
```

```python
def compareIgnCase(s1, s2):
  return (s1.lower() == s2.lower())

# 'か"ならTrueを返す
def isQuotation(s):
  if s == '"' or s == "'":
    return True
  return False

# 引数が演算子ならTrueを返す
def isOparator(s):
  if s == '+' or s == '-' or s == '*' or s == '/':
    return True
  else:
    return False

# 引数が「(」か「)」ならTrueを返す
def isParen(c):
  if c == '(' or c == ')':
    return True
  return False

# 引数が数値ならTrueを返す
def isNum(s):
  try :
    v = float(s)
  except:
    return False
  return True

# 引数を数値にして返す
def toNum(s):
  try :
    v = float(s)
  except:
    print(location(), ":", s, "を数値に変換できません")
    return 0
  return v
```

第 7 章　インタープリタの開発

```python
# 引数を整数の数値にして返す
def toInt(s):
  try :
    v = int(s)
  except:
    print(location(), ":", s, "を数値に変換できません")
    return 0
  return v

# 文字列中の空白文字を削除する
def delSpace(s):
 return s.replace(' ', '').replace('\t', '').replace('\n', '')

def location(depth=0):
  frame = inspect.currentframe().f_back
  return os.path.basename(frame.f_code.co_filename), frame.f_code.co_name, frame.
f_lineno

def syntaxError(pos, s = ''):
  print(pos, 'シンタックスエラー', s)
# 次のように呼び出すことができる
# util7.syntaxError(util7.location(), '')

def error(s = ''):
  print(location(), s)
```

> **Note**
>
> 掲載したプログラムは、インタープリタの作り方を学ぶために提示したものであり、インタープリタとして完成したものではありません。そのため、想定されていない ano プログラムソースファイルの記述方法のプログラムを実行しようとすると、エラーが発生することがあります。より完璧なプログラムにするためには、次節「言語の改良と拡張」を参考にして自力でインタープリタのプログラムを改良してください。

7.3 言語の改良と拡張

　開発するプログラムがあまり大きくならないようにするために、そして、プログラムコードをわかりやすくするために、Ano 言語の決まり（仕様）はきわめて限定しました。しかし、インタープリタは、いったん基本となる構造を作成してしまえば、改良したり拡張するのは比較的容易です。つまり、インタープリタで実行するプログラミング言語を改良したり拡張するのも容易であるということです。ここでは、言語の改良と拡張の可能性を簡潔にまとめておきます（これらはすべて読者の課題です）。

◆ コメント

　Ano 言語の決まりと Ano 言語のインタープリタ Anonymous を変更する最も容易なチャレンジは、コメントの決まりとそれを処理する部分を書き換えるということでしょう。たとえば、コメントを /* で始まって */ で終わるまでにする、# 以降をコメントにするなど、いくつかの方法を考えることができます。

◆ 演算子

　作成したプログラムでは、演算子の優先順位は考慮していません。演算子の優先順位を考慮に入れたり、演算子の種類を増やすことを考えても良いでしょう。

　Ano 言語では、演算子として、+、-、/、*、<、>、==、!= を定義しています。ほかの演算子を追加することも可能ですが、優先順位を考慮して実装するのは意外に手間がかかります。

> **Note**
> 2009 年 3 月刊行の書籍「やさしいインタープリタの作り方」（ISBN978-4-87783-219-3）では次のように 2 種類のスタックを使う方法で演算子を実装しています。
>
> ```
> stack < Token > Stck;            // 数値スタック
> stack < Token > OpStck;          // 演算子スタック
> ```

第7章　インタープリタの開発

演算子の記号（または名前）を変更してみるのも面白いでしょう。たとえば、<の代わりに（あるいは<に加えて）.GT. を使えるようにします。

面白いチャレンジは、文字列型に - （マイナス）演算子を追加するということです。文字列型に - 演算子を実装して、たとえば「a="Hello Good Dogs"-"Good "」を実行すると、「a="Hello Dogs"」になるようにすることは比較的容易です。

◆ データ型

データ型として文字列をサポートしていません。これをサポートするように拡張することもできます。

さらにデータ型として、実数型と文字列型のほかに整数型や倍精度実数型などの型を追加することが考えられます。また、複素数型や分数型を追加するのもよい考えです。

変数のスコープ（有効範囲）を定義した場所だけに限定することも考えられます。これは、たとえば、メイン部分で宣言した変数ならメイン部分だけで有効、サブルーチンの中で宣言した変数の有効範囲はサブルーチンの中に限定するということです。この章で示したプログラムでは、サブルーチンの引数の有効範囲はサブルーチンの中だけにしています。この方法を応用して変数のスコープを決めることもできます。

◆ 制御構文

Ano 言語では、if 文と for 文の 2 種類の制御構文と call 文を実装しています。これらの文は、条件判断、ジャンプ、ループという基本的な要素を含むので、これらの文の実装を参考にすれば、ほかのプログラミング言語に備わっているさまざまな制御構文を追加するのは比較的容易です。最も容易に実装できるのは goto 文でしょう。goto 文から初めて、while 文や switch...case 文を追加するのは楽しいことでしょう。

括弧 () のネストを実現するのと同じ考え方で、制御構文をネストできるように改良することもできます。

◆ サブルーチン

サブルーチンを呼び出すときには、引数の処理と戻る場所を記憶しておくことが必要でした。似たような仕組みを使って、値を返す関数（function）を比較的容易に追加することができます。関数を実装すると、次のコード例のように式の中で関数を呼び出すことができるようになります。

```
x = add(a, b) + mul(c, d)
```

◆ eval() と exec() の利用

第 2 章で説明したように、式を評価するときに Python の eval() を使うこともできます。

たとえば、evalequation() の部分を eval() を使って書き換えることもできます。しかも、eval() を使うと演算子の優先順位のような Python の式として評価されるときの決まりを、定義する言語に容易に導入することができます。

さらに、exec() を使えば、文も実行できるので、文を含む一連のコードを実行することもできます。

次の例は、src にプログラムコードを保存して exec() で実行するプログラムの例です。

```
src = []    # 空のリストを作成する

l1 = 'a = 2+3'
src.append(l1)
l2 = 'b = 4/2'
src.append(l2)
l3 = 'print(a + b)'
src.append(l3)

for line in src:
  exec(line)
```

第7章　インタープリタの開発

eval() に加えて exec() も活用すると、前節「インタープリタのソースリスト」で示したプログラムを大幅に簡略化することができます（読者の課題とします）。

◆ エラー処理

Ano 言語のインタープリタ Anonymous では、エラー処理や文法の厳密なチェックを省略しています。これらはコードを追加してゆくことで比較的容易に実現できます。

◆ 全体の再構築

Ano 言語のインタープリタ Anonymous は、1 行の入力を受け取って処理することから始め、四則計算ができるようにしたり、1 行づつ処理するラインインタープリタへと書き加えて行って、インタープリタにしました。このような方法をとっているので、プログラムの構造も使っている変数や関数の名前なども理想的とはいえません。

Ano 言語の定義とインタープリタ Anonymous の作り方まで理解したら、ゼロからオリジナルの言語を定義して、本書のプログラムコードを参照してインタープリタをゼロから設計し作成することも良いチャレンジになるでしょう。

176

練 習 問 題

問題 7.1

Ano 言語を拡張し、インタープリタ Anonymous を改良し拡張してください。

問題 7.2

eval() と exec() を活用して Anonymous をよりシンプルなプログラムにしてください。

付 録

付録 A　トラブル対策

付録 B　練習問題解答および解答例

付録A トラブル対策

ここでは、よくあるトラブルとその対策を概説します。

A.1 Python のトラブル

Python を起動するために発生することがあるトラブルとその対策は次の通りです。

◆ Python が起動しない

- システムに Python をインストールする必要があります。python の代わりに環境に応じて、python3、python3.11、bpython、bpython3 などのコマンドをインストールしてもかまいません。
- 最も一般的なコマンドの名前はすべて小文字の python です。しかし、Python の起動コマンドの名前は、python 以外に、py、python3、python3.11（数字の部分はバージョンによって異なります）、bpython、bpython3 などである場合があります。
- Python が存在するディレクトリ（フォルダ）にパスが通っていないと Python が起動しません。パスを通すという意味は、環境変数 PATH に Python の実行可能ファイルがあるディレクトリが含まれているということです（Windows のインストーラーでインストールした場合は正しく設定されているはずです）。

Pythonが起動するかどうかは、Pythonのコマンド名に引数 -V を付けて実行し、バージョンが表示されるかどうかで調べることができます。

```
>python -V
Python 3.11.1
```

◆ スクリプトを実行できない

- スクリプトファイルがあるディレクトリをカレントディレクトリにするか、あるいは、相対パスまたは絶対パスでスクリプトファイルの名前だけでなくファイルがある場所も指定してください。

A.2 作成したプログラムの実行時のトラブル

Pythonを起動した後や、Pythonでスクリプトファイル（.py ファイル）を実行する際に発生することがあるトラブルとその対策は次の通りです。

◆ 入力できない

- 一部の開発環境や Python のプログラムを実行できる Web サイトの中には、標準入力からの入力をサポートしていないものがあります。その場合、input() が期待した通りに動作しません。

付録

◆ 認識できないコードページであるという次のようなメッセージが表示される ◆

```
Fatal Python error: Py_Initialize: can't initialize sys standard streams
LookupError: unknown encoding: cp65001

This application has requested the Runtime to terminate it in an unusual way.
Please contact the application's support team for more information.
```

- Windows のコマンドプロンプトの場合、コードページ 65001 の UTF-8 か、コードページ 932 のシフト JIS に設定されているでしょう。chcp コマンドを使ってコードページを変更してください。コードページを 932 に変更するには、OS のコマンドプロンプトに対して「chcp 932」と入力します。
- Windows の種類によっては、コードページが 932 の cmd.exe（C:\Windows\System32\cmd.exe）のコマンドプロンプトから実行すると、この問題を解決できる場合があります。

◆「No module named ○○」が表示される ◆

- ○○モジュールが検索できないか、インストールされていません。モジュールにアクセスできるようにするか、あるいは、サポートしているバージョンのモジュール（パッケージ）をインストールしてください。バージョンの異なるモジュールをインストールしていてもインポートできません。
- 環境変数 PATH に Python の実行ファイルとスクリプトがあるパス（PythonXY；PythonXY/Scripts など）を追加してください。
- 環境変数 PYTHONPATH にモジュールがある場所を追加して、モジュールにアクセスできるようにしてください。
- 見つからないと報告されているモジュールを、実行するプログラム（スクリプト）と同じフォルダ（ディレクトリ）にコピーしてください。
- 大文字／小文字を実際のファイル名と一致させてください。
- Python のバージョンをより新しいバージョンに更新してください。

「IndentationError: unexpected indent」が表示される

- インデントが正しくないとこのメッセージが表示されます。
  （C/C++やJavaなど多くのほかのプログラミング言語とは違って）Pythonではインデントが意味を持ちます。前の行より右にインデントした行は、前の行の内側に入ることを意味します。
- インデントすべきでない最初の行の先頭に空白を入れると、このメッセージが表示されます。たとえば、単純に式や関数などを実行するときにその式や関数名の前に空白を入れるとエラーになります。
- インデントを揃えなければならない場所でインデントが不揃いだとこのメッセージが表示されます。

「SyntaxError」が表示される

- プログラムコード（文）に何らかの間違いがあります。コードをよく見て正しいコードに修正してください。

「NameError: name ' ○○ ' is not defined」が表示される

- 定義していない名前○○を使っています。タイプミスがないか調べてください。
- インポートするべきモジュールを読み込んでいないときにもこのエラーが表示されます。

「AttributeError: ' ○○ ' object has no attribute ' △△ '」が表示される

- ○○というオブジェクトの属性（またはメソッド）△△が存在しません。名前を間違えていないか、あるいはタイプミスがないか調べてください。

付録

◆「(null): can't open file '○○.py': [Errno 2] No such file or directory」が表示される ◆

- Python のスクリプトファイル○○.py がないか、別のフォルダ（ディレクトリ）にあります。OS の cd コマンドを使ってカレントディレクトリを Python のスクリプトファイル○○.py がある場所に移動するか、あるいは、ファイル名の前にスクリプトファイルのパスを指定してください。

◆「SyntaxError: Missing parentheses in call to '○○'.」が表示される ◆

- Python 3.0 以降は、関数の呼び出しに () が必要です。たとえば、「print('Hello')」とする必要があります。Python 2.x では「print 'Hello'」で動作しましたが、これは古い書き方であり、Python 3.0 以降では使えません。古い書籍や資料、Web サイト、サンプルプログラムなどを参考にする場合には対象としている Python のバージョンに注意する必要があります。

◆「UnboundLocalError:」が表示される ◆

たとえば、「UnboundLocalError: cannot access local variable 'len' where it is not associated with a value」というメッセージが表示される場合は、関数 len() を呼び出したつもりが、スコープ内で変数 len を使っているために、len が変数として認識されます。そのような場合は、変数の名前を変えてください。

練習問題解答および解答例

　練習問題のうち選択問題は解答です。プログラムを作成する問題は、1つの解答例です。プログラムを作成する問題は、目的を達成できて問題なく動作すれば正解とします。なお、プログラムを作成する問題の解答の可能性はいろいろあるので、部分的なコードまたは問題に取り組むためのヒントを掲載します。

第1章の練習問題

1.1（2）　**1.2**（4）　**1.3**（1）　**1.4**（4）　**1.5**（3）

第2章の練習問題

2.1

```
# 文字列が「quit」であればループを抜ける。
  if line == "quit":
    break
```

2.2

```
if line.lower() == "exit" :
  break
```

付録

2.3

```
line = input('EV==>')   # プロンプトを出力して行を受け取る
```

2.4 myutilpy の processargs() に次のような形式でヘルプを表示するコードを追加します。

```
if s == '-H' or s == '-?' or s == '--help':
  # ファイル名と拡張子に分ける
  print('ヘルプ情報...')
  sys.exit()    # このプログラムを終了する
```

第3章の練習問題

3.1

```
if line == "printstack" or line == "ps":
  stack.print()
  continue
```

3.2 （本文参照）

3.3 Stack クラスに次のようにスタックのサイズを返す len() を追加します。

```
class Stack:
  def __init__(self):     # スタックを作成する
    self.stack = []
    (略)
  def len(self):        # スタックの内容を表示する
    return len(self.stack)
```

186

そして、演算子が入力されたときに stack.len() でサイズを調べて、サイズが 2 でなかったらエラーを報告させます。

第 4 章の練習問題

4.1

```
if line == "printstack" or line == "ps":
  stack.print()
```

4.2

```
if stack.len() >= 1:
  s = stack.pop()
  stack.push( s )
  if isNum(s) == True:
    stack.push( line )
  else:
    print('シンタックスエラーです。')
  continue
```

4.3 （省略）

付 録

第5章の練習問題

5.1 たとえば、次のようにしてあらゆるエラーを処理させます。

```
try :
  v1 = float(v1)
except (SyntaxError, ValueError):
  print('シンタックスエラー:数値に変換できません。')
  return
except :
  print('シンタックスエラー')
  return
```

5.2 コメント記号をたとえば「#」と決め、行を取得したらその中の「#」以降の部分を削除します。

第6章の練習問題

6.1 C/C++ では、break、case、continue、do、else、for、for each、in、goto、if、return、switch、while などがあります。

6.2 C/C++ では、たとえば、bool、char、double、float、int、long、short、void などがあります。整数型には、型修飾のキーワードとして signed、unsigned があります。

6.3 （解答例省略）

6.4 本書のソースファイルと共にまとめられてダウンロードできるファイル xa.ano、xb.ano、xc.ano などを参照してください。

第 7 章の練習問題

7.1 本書の説明とプログラムコードを参考にして、自身でコードを追加し、デバッグしてください。

7.2 （解答例省略）

索引

数字・記号

2進数	2
$	vi
()	vi
->	vi, 20
//	128
>	vi
>>>	vi, 10, 11

A

Ano言語	126
argv	26

C

call	132
CPU	2

D

dict	93

E

else	129
endif	129
endsub	131
evalマシン	32
eval()	28
except	31
exec	31
exit	22

F

for	130

I

if	129
input()	12

L

LIFO	40

N

next	130

P

pop	40
pop2()	43
print()	12, 44
printstack	46
push	40
Python	9

Q

quit	22

S

Stackクラス	42, 85
sub	131
sys	26

T

try	31

W

while	20

191

あ

アセンブリ言語	4
値	95
後入れ先出し	40
意味解析	7
インタープリタ	4, 5
インタラクティブシェル	9
エラー処理	56
演算子	38, 92, 95
演算子の定義	128
演算数	39
オーバーフロー	61
オペランド	39
オペレータ	38

か

拡張子	15
仮想マシン	6
記号	95
繰り返し	20, 130
原始プログラム	4
高級プログラミング言語	3
構文解析	7
後置記法	39
コマンド	22, 90, 127
コメント記号の定義	128
コンパイラ	4, 6
コンパイラ—インタープリタ	125

さ

再帰呼び出し	124
最適化	8, 61
サブルーチン	131
字句解析	7, 92, 95
四則計算機	64
実行	16

実行可能ファイル

実行可能ファイル	6
出力	12
純粋なインタープリタ	123
条件分岐	129
シンボル	92, 95
スクリプトファイル	14
スタック	39, 66
ステートメント	91
精度	58
ソースプログラム	4

た

中間言語	6, 125
定義	126
低水準プログラミング言語	3
データ型	128
テキストエディタ	14
トークン	92, 95
トークン切り出し	114
トークンリスト	95
トップ	40

な

名前の定義	126
日本語対応	132
ニモニック	4
入力	12

は

バージョン情報	25
引数	25
ビット	3
プッシュ	40
プリフィックス	38
プログラミング言語	2
プロンプト	11, 20

索引

変数表	93
ポストフィックス	38
ポップ	40

ま

マシン語	4
マシンコード	3
マルチパス方式	122
メッセージ	23

や

予約語	129

ら

ラインインタープリタ	90
ループ	20
例外処理	30

■ 著者プロフィール

日向 俊二（ひゅうが・しゅんじ）

フリーのソフトウェアエンジニア・ライター。

前世紀の中ごろにこの世に出現し、FORTRAN や C、BASIC でプログラミングを始め、その後、主にプログラミング言語とプログラミング分野での著作、翻訳、監修などを精力的に行う。

わかりやすい解説が好評で、現在までに、Python、C/C++、C#、Java、Visual Basic、XML、アセンブラ、コンピュータサイエンス、暗号などに関する著書・訳書多数。

やさしいインタープリタの作り方入門 [Python 編]
Python で学ぶ言語とインタープリタの設計と実装

2024 年 10 月 10 日　初版第 1 刷発行

著　者　日向 俊二
発行人　石塚 勝敏
発　行　株式会社 カットシステム
　　　　〒 169-0073 東京都新宿区百人町 4-9-7　新宿ユーエストビル 8F
　　　　TEL（03）5348-3850　　FAX（03）5348-3851
　　　　URL　https://www.cutt.co.jp/
　　　　振替　00130-6-17174
印　刷　シナノ書籍印刷 株式会社

本書に関するご意見、ご質問は小社出版部宛まで文書か、sales@cutt.co.jp 宛に
e-mail でお送りください。電話によるお問い合わせはご遠慮ください。また、本書の
内容を超えるご質問にはお答えできませんので、あらかじめご了承ください。

■ 本書の内容の一部あるいは全部を無断で複写複製（コピー・電子入力）することは、法律で認められ
た場合を除き、著作者および出版者の権利の侵害になりますので、その場合はあらかじめ小社あて
に許諾をお求めください。

Cover design　Y.Yamaguchi　　© 2024 日向俊二
Printed in Japan　ISBN978-4-87783-555-2